LES GUIDES MAGNARD

L. BARON

Du mouvement au tracé

EN PETITE SECTION

MAGNARD

www.magnard.fr

20, rue Berbier du Mets
75013 Paris

Achevé d'imprimer en mai 2004
sur les presses de l'imprimerie Campin 2000
13, rue Barthélemy Frison à Tournai, Belgique

Dépôt légal : juin 1993
N° d'éditeur : 2004/187

L. Baron

Du mouvement au tracé

en Petite Section

Guide Magnard

En développant un nouveau concept, la collection GUIDE MAGNARD s'éloigne de l'idée classique du guide du maître. Elle aborde non seulement les dimensions technique et pédagogique du sujet traité mais élargit son champ d'investigation à tous les développements possibles. A la fois guide pratique, décrivant les objectifs, les outils pédagogiques et le déroulement des activités, le GUIDE MAGNARD se définit aussi comme un guide théorique, formulant les nouvelles avancées des sciences de l'éducation, exposant les difficultés rencontrées, les nouvelles orientations et tentant de répondre à toutes les interrogations que se posent les enseignants dans leur pratique quotidienne de la classe.

SOMMAIRE

FICHES

AVANT-PROPOS

Les instructions officielles concernant l'organisation de l'école primaire en cycles pédagogiques stipulent qu'à la fin du cyle des apprentissages premiers, l'enfant doit être capable de :
« – reproduire des modèles, des formes, des trajectoires proposées par l'enseignant ;
– copier correctement quelques mots, une courte phrase, en respectant les règles de graphie de l'écriture cursive qui permet une unité du mot ;
– écrire sur une ligne puis progressivement entre deux lignes ;
– reconnaître et comparer différents systèmes graphiques (cursive, script, imprimerie). »

Ces capacités, à acquérir, passent par de nombreuses étapes au cours desquelles il faudra stimuler et encourager l'évolution de la motricité globale, et de la motricité fine, en créant des situations riches et variées.

Pour aider le maître ou la maîtresse à conduire l'enfant vers cet apprentissage difficile de l'écriture, nous avons conçu cette collection, de trois livrets de l'enfant, chacun accompagné d'un guide du maître, qui propose une progression annuelle et des fiches d'activités organisées autour d'objectifs précis.

La petite section qui correspond à la première année de scolarisation de l'enfant est importante car elle est la période des premières expériences. Il conviendra donc, dans un climat de confiance, de proposer des situations stimulantes et étonnantes qui créeront une réelle envie d'agir et favoriseront l'apprentissage par les adaptations qui en découleront.

Les objectifs généraux que nous nous fixons sont :
– la maîtrise de la tenue du crayon
– la maîtrise de la pression
– la maîtrise de l'élan du geste
– la maîtrise des rythmes continus et discontinus du tracé.

Pour atteindre ces objectifs, nous proposons une progression construite autour de vingt fiches, dont on trouvera une grille récapitulative dans les pages suivantes.

Chaque fiche se compose de quatre parties :
– La première intitulée *Perception*, vise à aider à organiser l'espace, à s'y repérer, à établir des relations entre les différents éléments statiques et/ou mobiles qui le composent.
– La deuxième partie dite *Représentation* veut aider l'enfant à construire, représenter, à une plus petite échelle, les situations vécues, réinvestissant les notions d'ordre spatial précédemment abordées.
– La troisième partie, *Graphisme*, conduit l'enfant à laisser des traces fortuitement ou de façon réfléchie, et favorise par la reproduction et l'entraînement, un meilleur contrôle du geste graphique.
– Enfin, la quatrième partie, *Évaluation* renvoie à l'exercice proposé dans le cahier de l'élève à partir de la comptine (le maître peut procéder à cette évaluation sans se référer au cahier élève).

Au début de chaque fiche, une comptine qui pourra être apprise, permettra d'introduire l'activité, et de la prolonger en thème de vie ou projet d'étude.

A la fin de chaque fiche, le maître trouvera des réflexions et des suggestions lui permettant d'évaluer les productions de ses élèves et de faire évoluer des situations qui ne sembleraient pas satisfaisantes.

L'utilisation du livret de l'élève ne peut donc être comprise, que comme étant la dernière phase d'un travail de recherche et d'entraînement. Chaque exercice terminé fera l'objet d'une auto-évaluation (aidée de l'adulte) qui se concrétisera par le coloriage sur les pages d'évaluation, à l'intérieur du rabat de la couverture se trouvant à la fin du livret, du bonhomme correspondant à la fiche étudiée.

Il ne s'agira pas pour l'enfant d'apporter un jugement qualitatif de son travail. Car on peut penser que la simple réalisation de l'exercice, sur petit format, respectant les consignes de formes et d'espace est déjà une réussite.

Cependant, en complétant tout au long de l'année sa grille de progression (à défaut d'une véritable grille d'évaluation), l'enfant visualisera les étapes de son apprentissage et pourra se situer à tout moment, par rapport à ce qui a déjà été fait, et ce qui lui reste à faire.

PERSONNALISATION DE LA COUVERTURE DU CAHIER

La couverture du cahier de l'élève a été conçue de telle manière qu'elle puisse permettre à l'enfant de la personnaliser afin de la mieux reconnaître.

Cette décoration devant se faire en début d'année, elle pourra être utilisée par le maître pour évaluer le niveau graphique de chacun de ses élèves.

Avant de procéder à l'exercice, il présentera le cahier et fera décrire la couverture en demandant aux enfants de rechercher toutes les façons de les marquer pour les différencier et les reconnaître.

Les idées seront écrites pour mémoire par le maître.

Exemple : écriture du prénom, décoration, petits dessins, collage, etc.

En faisant observer l'espace réservé à la décoration du cahier, le maître proposera d'en rechercher les différents composants pour pouvoir y adapter les graphismes. Il complètera alors sur propositions des enfants le panneau des activités.

Exemple : écriture du prénom, espace du haut, décorations, espaces restants.

• L'écriture du prénom sera faite en activité individuelle avec le maître qui fera observer le dessin général du nom et qui produira chaque lettre en cursive avant l'élève, en verbalisant les actions. Il contrôlera ainsi au fur et à mesure de l'écriture les capacités de chacun à reproduire un tracé, à en respecter le sens, à respecter la trajectoire horizontale, à rester dans le cadre prévu pour l'exercice.

Les difficultés rencontrées seront soigneusement notées afin de mieux aider les enfants à les surmonter tout au long de l'année et de l'étude des fiches correspondant aux tracés défectueux.

• La décoration libre du cahier, s'il s'agit d'une décoration graphique, apportera au maître des indications sur la maturité graphique de chacun. Pour cela on notera :

– la richesse des graphismes (variété, liaison de signes différents...) ;

– la finesse et la régularité des productions ;

– l'organisation des espaces graphiques (espace blanc et/ou bleu) :

• par pavage d'une même forme ;

• en suivant des trajectoires qui suivent celles des espaces ou qui leur sont contraires, etc. ;

• anarchiques : plusieurs signes sans règle de production ;

– le respect des espaces graphiques (le non respect étant le signe d'un mauvais contrôle du fléchissement du pouce et d'un manque de maîtrise du tracé qui déborde de l'espace).

S'il s'agit d'une décoration par collage, on analysera le soin apporté, les organisations spatiales utilisées et éventuellement les règles algorithmiques des collages.

N° fiche	Intitulé de la fiche du maître et de l'exercice de l'élève correspondant (entre parenthèses)	Pages	Objectifs
1	**Tracés continus :** **Les lignes** *(Le jeu des chatons)*	21 (2)	➡ *Tracer des lignes continues à partir de points différemment situés dans le plan.* ➡ *Changer l'orientation du tracé pour respecter les limites du plan proposé.*
2	**Tracés continus :** **Les lignes déviées** *(Les chemins de l'escargot)*	26 (3)	➡ *Tracer des lignes continues à partir de points différemment situés dans le plan.* ➡ *Ralentir le tracé pour éviter des obstacles représentés.*
3	**Tracés continus :** **Les lignes droites verticales** *(Une petite auto)*	30 (4)	➡ *Tracer des lignes droites verticales de haut en bas et de bas en haut.*
4	**Tracés continus :** **Les lignes droites horizontales** *(Oiseaux dynamiques)*	35 (5)	➡ *Tracer des lignes droites horizontales de gauche à droite.*
5	**Tracés continus :** **Les lignes droites verticales et horizontales dans un espace limité** *(Un paysage rayé)*	40 (6)	➡ *Tracer des traits verticaux et horizontaux en respectant les limites de petits espaces à couvrir, donc mieux contrôler les mouvements du poignet et des doigts (fléchissement du pouce).*
6	**Tracés continus :** **Le quadrillage** *(Naninou, l'araignée)*	44 (7)	➡ *Tracer des lignes droites verticales et horizontales qui se croisent, dans un espace limité.*
7	**Tracés continus :** **Les lignes brisées horizontales** *(oh hisse et oh...)*	49 (8)	➡ *Tracer, en respectant une trajectoire horizontale, des lignes brisées de grandes et petites tailles.*
8	**Tracés continus, discontinus :** **Lignes et points** **(divertissement graphique)** *(Saute, tape, glisse)*	54 (9)	➡ *Tracer de courtes lignes droites et courbes.* ➡ *Faire des points.* ➡ *Organiser l'espace en fonction de ces deux graphismes.*
9	**Tracés discontinus :** **Lignes et points** **(transformer un graphisme)** *(Le tigre et le jaguar)*	59 (10)	➡ *Produire des graphismes différents à partir de traits et de points en variant le nombre, l'organisation spatiale et la couleur.*
10	**Tracés discontinus :** **Points sur un parcours orienté** *(Le Petit Poucet)*	64 (11)	➡ *Automatiser l'acte graphique, qui permet la réalisation de points, pour permettre au regard de se détacher du mouvement, et de le précéder.* ➡ *Se renseigner ainsi sur le sens, les retournements, les croisements du parcours et provoquer les adaptations motrices nécessaires.*

N° fiche	Intitulé de la fiche du maître et de l'exercice de l'élève correspondant (entre parenthèses)	Pages	Objectifs
11	**Graphisme libre pour décorer un animal** *(Carnaval)*	70 (12)	➡ *Réinvestir les graphismes et organisations spatiales déjà rencontrées, dans un exercice de divertissement graphique.*
12	**Rotations : Les ronds** *(Ballons et cerceaux)*	75 (13)	➡ *Entraînement à la formation de ronds dans le sens de rotation dominant de l'enfant.*
13	**Rotations : Les ronds gigognes (concentriques)** *(Un petit plat, un grand plat)*	80 (14)	➡ *Améliorer la forme ronde des tracés en guidant le graphique par des lignes inductrices.*
14	**Rotations : Ronds sur un parcours orienté** *(Taupi, Taupinou)*	85 (15)	➡ *Produire des ronds de petite taille, et maîtriser suffisamment le mouvement, pour pouvoir, en s'aidant du regard, respecter et anticiper les changements de direction du parcours.*
15	**Tracés continus et rotations : Lignes et ronds dans un espace limité** *(Lutins malins)*	90 (16)	➡ *Etre capable de tracer le plus régulièrement possible, des petits ronds, des lignes droites, et des lignes brisées, qui ne se touchent pas, dans un espace limité.*
16	**Tracés continus et rotations : Les escargots (ou spirales)** *(Escargot, si beau)*	94 (17)	➡ *Tracer une ligne s'enroulant dans le sens de rotation dominant. Varier le nombre de tours et leur rayon, en fonction des dimensions à donner au graphisme.*
17	**Tracés continus : Les vagues** *(Poisson nage et plonge)*	100 (18)	➡ *Tracer des vagues, de gauche à droite, dans un mouvement continu.*
18	**Divertissement graphique à l'intérieur et autour d'un disque** *(Soleil merveilleux)*	107 (19)	➡ *Etablir et respecter un projet graphique en réinvestissant les tracés connus et en les adaptant à une organisation spatiale bien structurée.*
19	**Tracés continus et rotations : Les boucles** *(Boucles et bouclettes)*	113 (20)	➡ *Produire, de gauche à droite, dans son sens de rotation dominant, des suites de boucles. Coordonner ainsi les mouvements de rotation et de translation.*
20	**Décoration d'un paysage à partir de modèles graphiques à reproduire** *(Petit marin)*	119 (21)	➡ *Différencier les différentes parties qui composent un dessin. En déterminer les limites et les espaces intérieurs.* ➡ *Discriminer des signes de construction voisine. En déterminer les différents composants pour mieux les reproduire.* ➡ *Adapter la motricité fine en fonction de la continuité ou de la discontinuité du tracé et des espaces à compléter.*

RECOMMANDATIONS

Bonne tenue du crayon et maintien des enfants droitiers et gauchers

Travailler assis

Il convient de veiller à ce que les enfants aient une bonne position assise et tiennent convenablement leurs outils.

Or très souvent les enfants de petite section, lorsqu'ils sont assis à une table, ont tendance à prendre appui sur les avant-bras, entravant ainsi le bon développement de la motricité fine, par les déséquilibres qu'engendre cette position. Il faudra donc et avant toute chose, leur faire prendre conscience du rôle de leur tonus dorsal et de celui des appuis fessiers, par des jeux de reptation, en position assise, par exemple et par des activités de manipulations diverses (construction, remplissage, etc.) où l'enfant assis devra agir avec ses mains, à une table, sans y prendre appui.

Choisir sa main

Il n'est pas rare que l'enfant de petite section se serve de ses deux mains : la droite pour travailler sur la partie droite de la feuille et la gauche pour travailler sur celle de gauche.

Il faudra dans un premier temps aider l'enfant à choisir la main qui « écrira », en déterminant lequel des deux côtés droit ou gauche est prédominant.

Pour cela on analysera ses gestes routiniers et spontanés :

– avec quelle main mange-t-il ?
– quelle main semble « vouloir », la première par réflexe, parer une chute ?
– avec quel pied lance-t-il le ballon ?

On observera les mêmes tracés exécutés avec les deux mains :

– lequel est le plus net ?
– lequel semble le plus ferme ?
– lequel est le plus régulier ?

Tenir son crayon

Le crayon, que l'enfant soit droitier ou gaucher, doit être tenu entre le pouce et l'index doit reposer sur le majeur. La main, inclinée, repose sur l'auriculaire et le côté de la main.

La position du scripteur par rapport au support

1. Le droitier, pour écrire, coordonne des mouvements de flexion du pouce, de l'index, du majeur et des mouvements de translation de gauche à droite de l'avant-bras, ce dernier précédant la main.

Par conséquent, pour faciliter la lecture du tracé au moment où il est produit, et éviter de croiser le bras sur la poitrine entraînant une crispation néfaste, on entraînera l'enfant à placer sa feuille légèrement à droite de la table. La main gauche la maintient dans sa partie inférieure.

2. Le gaucher coordonne également des mouvements de flexion des doigts et de translation de l'avant-bras. Mais en ce qui le concerne et contrairement au droitier, c'est la main qui entraîne l'avant-bras vers la droite. Il conviendra de lui faire placer sa feuille assez haut et vers la gauche, la fin d'un tracé ne devant jamais dépasser la limite de l'épaule gauche.

L'enfant gardera ainsi le contrôle visuel de ses productions tout en ayant une aisance motrice la plus optimale possible.

La main droite maintient la feuille dans sa partie inférieure.

JEUX

Pour dégourdir les doigts avant les exercices graphiques

Les jeux de doigts et d'adresse favorisent la maîtrise de la préhension des outils et contribuent au développement de la motricité fine.
Ils peuvent être proposés en activité d'échauffement ou de dégourdissement des doigts, avant les exercices graphiques.

Jeux de doigts sur comptines

1. Cacher le pouce dans le poing fermé, avec l'autre main frapper, comme à une porte :

– Monsieur Pouce es-tu là ?
• Chut je dors.
– Monsieur Pouce es-tu là ?
• Oui je sors ! (lever le pouce)

2. Réciter et caresser les doigts d'une main avec le pouce de la même main.

Monsieur Pouce a quatre enfants
Le premier est turbulent
le deuxième est fainéant
le troisième toujours content
et le tout petit est si charmant !!!

3. Lever les doigts l'un après l'autre, puis les replier en sens inverse dans la main.

Un, il mange du pain
deux, il mange des œufs
trois, il mange des noix
quatre, il mange des pâtes
cinq, ça le requinque ! Mais...
quatre, a mal au ventre
trois, a mal au foie
deux, a mal aux yeux
un, a mal aux reins.

4. Sur la table, mimer un joueur de piano en articulant les doigts l'un après l'autre :

Je joue du piano,
c'est très rigolo.
Danser la rumba,
mes doigts aiment ça.

5. Ecarter les doigts et les grouper par deux (auriculaire / annulaire, majeur / index ou annulaire / majeur, index / pouce).

– Les doigts de ma main
sont tous très copains.
Ils vont deux par deux...
• Deux par deux ?
Ce n'est pas sérieux !
Car deux et deux font quatre
alors vont-ils se battre ?
Que fais-tu du cinquième ?
– Un chou à la crème !
(Mettre le pouce dans la bouche.)

6. Mains posées à plat, lever et baisser les doigts l'un après l'autre :

Et un et deux et trois
lève chacun de tes doigts
Si tu n'y arrives pas
gronde bien tes dix doigts

Gymnastique sans instrument

Gymnastique libre : rechercher tous les mouvements que l'on peut faire avec une main, deux mains.

Exemples de mouvements possibles

– Pincer la peau de l'autre main avec le pouce et l'index, le pouce et le majeur, le pouce et l'annulaire, le pouce et l'auriculaire.

– Serrer très fort les poings puis tendre les doigts en les écartant.

– Croiser les doigts au besoin, en s'aidant de l'autre main, deux à deux.

– Croiser l'auriculaire sur l'annulaire lui-même posé sur le majeur, reposant lui-même sur l'index.

– Mimer des consignes : appeler quelqu'un en articulant son index, faire « non » avec le même doigt, faire « chut » en plaçant le doigt sur la bouche, visser l'index sur la tempe, se boucher les oreilles, etc., couper un bifteck, taper à la machine, etc.

Gymnastique avec instrument

Gymnastique libre : rechercher tous les mouvements que l'on peut faire avec ses mains et un crayon.

Exemples de mouvements possibles

– Se déplacer en portant un crayon dans le creux, puis sur le dos de la main

– Se déplacer en portant le crayon sur 4 doigts, puis sur 3, 2 et 1 doigt.

– Faire rouler le crayon entre le pouce et les quatre doigts.

– Faire rouler le crayon entre le pouce et chacun des quatre autres doigts.

– Faire rouler le crayon entre l'index et le majeur, le majeur et l'annulaire, l'annulaire et l'auriculaire.

– Faire tourner le crayon entre les doigts d'une main.

– Faire glisser les doigts (deux à deux) sur le crayon, en tapotant le crayon sur la table.

LES TRACES

Que l'on peut faire avec son corps, avec ou sans outils, en activités libres et dirigées

Avant que l'enfant soit apte à comprendre la nécessité d'utiliser comme code d'un message, d'une expression, il faut lui permettre d'établir des relations entre les mouvements qu'il réalise et les traces qu'il laisse. Les premières constatations, par la joie qu'elles provoquent, favoriseront la répétition, par la recherche du plaisir renouvelé. Le rôle de l'enseignant sera alors, de diversifier les expériences du tout jeune élève, et de l'amener progressivement à utiliser, intégrer, mémoriser, maîtriser ce savoir, pour mieux le réinvestir à d'autres situations.

Les traces que l'on peut faire avec son corps

Les empreintes : L'enfant peut faire des empreintes de son corps, de ses pas, de ses mains, dans le sable, la neige, sur le sol sec après être passé dans une flaque d'eau. Mais aussi de ses dents, dans une pomme, de sa bouche sur une vitre, après s'être passé du dermophile ou du rouge à lèvres.
Le rôle du maître ou de la maîtresse sera d'amener les enfants à constater les empreintes, à les renouveler et à les enrichir par d'autres situations, par exemple :
– tremper les mains, les pieds dans la peinture et les poser, les essuyer sur une feuille
– Prendre l'empreinte de la main (du pied) dans la terre, le plâtre.

Les tracés : De même en laissant traîner ses pieds, ses mains dans des matières molles ou poudreuses, l'enfant, en produisant fortuitement des signes, développera la maîtrise de ses mouvements, leur coordination, leur pression.
L'enseignant exploitera ces premières expériences et constatations en variant :

• les supports :
– terre
– poudre (talc, farine...) étalée sur la table
– feuille enduite de peinture fraîche
– feuille d'aluminium
– carton (ondulé, lisse...)
– tissus
– bois, verre, plastique
– papier (de verre, peint...)

• les dimensions et les formes des supports :
– plats, en plan vertical, horizontal, incliné
– en 3 dimensions (boîtes cubiques, rondes...)

• la partie du corps utilisée :
– une main, les deux
– les doigts, un doigt
– les pieds, les orteils.

Les résultats seront soigneusement observés, comparés. Cette analyse permettra à chacun d'enrichir ses propres expériences en les confrontant à celles des autres.

Les traces que l'on peut faire avec des outils

Les outils proposés, dont on pourra prendre les empreintes ou qu'on utilisera pour produire des tracés, seront librement et diversement manipulés. La recherche, l'expérimentation feront apparaître des situations auxquelles le maître n'aurait pas toujours songé.
En voici quelques-uns dont la liste n'est pas exhaustive et que chacun complètera au cours de l'année en fonction des opportunités qui se présenteront :

– les pinceaux : gros, petits, ronds, plats, rouleaux, pochoirs...
– les tampons : éponges, bouchons, pommes de terre...
– les crayons : de papier, de couleur, les fusains, les pastels, les craies, les stylos, les feutres, les plumes d'acier...

– les objets à tremper : coton-tiges, bâtonnets, tourillons, cuillères, fourchettes, plumes d'oiseau, branches d'arbre, pommes de pin...
– les objets qui servent à graver : fourchettes, spatules, poinçons, plumes d'acier, rateau, stylo hors d'usage...

LES LIGNES

Tracés continus

Objectifs

- Tracer des lignes continues à partir de points différemment situés dans le plan.
- Pouvoir changer l'orientation du tracé pour respecter les limites du plan proposé.

1
Perception

MATÉRIEL

Comptine pour introduire le jeu :

Petit chaton
roule et déroule
ta petite boule
de fil blond.

➡ *Mémoriser – Contrôler l'articulation, la prononciation – Jeu de paroles : dire fort, doucement, vite, lentement etc.*

Situation 1 : Dans la salle de jeu.

Matériel : une petite pelote de grosse laine par enfant

➡ *Créer des situations permettant à l'enfant de se créer des images mentales qu'il pourra réinvestir dans le graphisme.*

Proposer aux enfants de jouer au petit chaton, en déroulant des pelotes de laine pour faire des chemins. Leur faire rechercher différents déplacements dans l'espace ainsi aménagé : marcher, courir, sauter... Sur son propre chemin, à côté, dans un sens, en sens inverse.

➡ *Apprendre à suivre et respecter des consignes verbales.*

Suivre son chemin du doigt, des yeux, sans bouger de sa place.

➡ *Entraîner l'œil à servir de guide au mouvement.*

Situation 2 : Dans la salle de jeu.

Diviser la salle en 4 à 6 territoires, en fonction du nombre d'élèves qui seront répartis dans chacun d'eux.

Prévoir autant de couleurs de laine qu'il y a d'enfants dans chaque équipe et refaire le jeu de la situation 1. Le peu de place dans chaque espace obligera les enfants à croiser leurs fils et à changer d'orientation.

➡ *Créer d'autres réponses aux consignes en modifiant l'espace. Respecter les limites de l'espace même si on est gêné par les autres.*

Faire ensuite observer et verbaliser les résultats.

➡ *Par l'analyse et la verbalisation des résultats obtenus fortuitement, enrichir son vocabulaire d'ordre spatial et prendre conscience des relations qui existent entre gestes produits et tracés obtenus.*

bancs, caissettes pour matérialiser les frontières des territoires formés.
1 pelote de laine par enfant.
Autant de couleurs de laine que d'enfants dans les équipes.

2
Représentation

Le jeu du chaton pourra être repris en travaux manuels.

➡ *Les objectifs sont les mêmes mais ils se placent dans une situation préparatoire au travail sur plan en deux dimensions.*
On développera ici la motricité fine par la coordination des gestes des deux mains et le contrôle des articulations et donc des mouvements des pouces et index.

Par petits groupes, proposer aux enfants des fils de grosses laines de couleurs différentes. Le collage étant délicat surtout en début d'année, il serait bon que les enfants disposent leurs fils et que l'institutrice les colle.
En prévoyant des fils assez longs et en nombre, on incitera les enfants à utiliser tout l'espace et on obtiendra ainsi des organisations plus riches de l'espace.
Faire suivre ensuite à chaque enfant son chemin en posant le doigt dessus, puis en faisant glisser un petit bonhomme (duplo par exemple) ou une petite voiture.
En demandant aux enfants d'expliquer ce qu'ils font au moment où ils le font, on permettra une meilleure prise de conscience de la situation et des gestes produits et on favorisera ultérieurement leur anticipation.

colle
bristol, un par équipe
pelotes de grosse laine de plusieurs couleurs

petites voitures
bonhomme (duplo, lego, playmobil)

➡ *S'orienter dans l'espace :*
– suivre un chemin et donc habituer le regard à précéder le mouvement
– comprendre et utiliser des expressions d'ordre spatial : sur, à côté, autour, etc.

3
Graphisme

Le but des exercices proposés sera de faire représenter des lignes, sur des plans verticaux et horizontaux, partant de points différemment situés dans l'espace limité à la feuille.

➡ *Favoriser l'anticipation des tracés par le rappel de situations vécues.*

Exercice 1 : sur une feuille placée verticalement, les enfants à tour de rôle, à la peinture au doigt, tracent chacun un chemin de couleur personnalisée.

➡ *Affiner progressivement les tracés en faisant travailler le bras, le poignet et enfin le fléchissement du pouce.*

1 grande feuille par groupe d'enfants
1 couleur de peinture par enfant
peinture au doigt
gouache

Exercice 2 : sur une feuille placée verticalement, à la brosse plate les enfants tracent en même temps un chemin.
Après chaque exercice, on pourra demander à chacun de reconnaître son chemin, de le suivre du doigt, puis de suivre celui d'un autre camarade.

➡ *Les gestes étant plus précis, les reproduire en respectant les consignes de couleur et d'espaces.*

1 grande feuille par groupe
1 couleur de peinture par enfant
1 brosse plate par enfant
gouache

Exercice 3 : sur plan vertical, au feutre ou à la peinture, chaque enfant sur une même feuille pourra tracer autant de chemins qu'il a de couleurs.

➡ *Produire des tracés continus organisés et répartis dans l'espace.*

1 feuille par enfant
4 feutres ou pots de peinture de couleurs différentes

Exercice 4 : Proposer le même exercice, mais sur une feuille où seront disposées 3 taches de couleurs différentes. Demander aux enfants de faire des chemins de même couleur que les taches, et partant des taches.
Si un enfant éprouve des difficultés, il ne faudra pas hésiter à lui tenir la main dans un premier temps, et à lui proposer d'autres exercices d'entraînement.

1 feuille par enfant sur laquelle on aura fait 3 taches : une en haut, une en bas, une à gauche de la feuille.

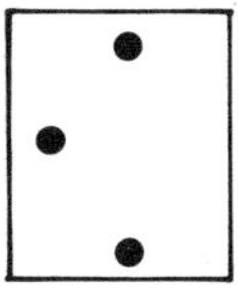

➡ *Pouvoir commencer des tracés à partir de points situés en haut, en bas ou à gauche de la feuille. Donc faire des tracés qui montent, qui descendent, qui vont vers la droite. Provoquer des retournements par la multiplication de lignes à produire.*

Exercices sur plan horizontal

feuilles de formats différents mais toujours du plus grand au plus petit

Les mêmes exercices pourront être proposés sur table aux feutres, aux crayons de couleurs, à la craie.

➡ *Mêmes objectifs sur plan horizontal et sur des feuilles de formats plus petits.*

Pour ne pas lasser les enfants, on veillera à proposer des supports de formats et de couleurs différents et des outils aussi différents.

➡ *Apprendre à tenir son crayon correctement :*
– maintenir une bonne position du dos;
– s'entraîner à maintenir l'effort en position assise.

4
Évaluation

Observer *(Cahier de l'élève p. 2).*

Exercice sur cahier de l'élève

feutres, crayons de couleurs

Ne proposer cet exercice que si l'enfant a réussi les précédents sur des formats identiques à celui du cahier.
Demander à chaque enfant de choisir une couleur, de colorier la pelote et de tracer le fil.
Attendre qu'il ait terminé avant de passer au suivant.
Recommandation : l'exercice se trouvant en page gauche, déplacer le cahier vers la droite pour les droitiers afin qu'ils n'aient pas à croiser le bras devant la poitrine pour travailler.

CONTRÔLE	AIDE
Respect des consignes :	
• couleurs < respectées / non respectées →	• Proposer des jeux de discrimination des couleurs (loto des couleurs...) et proposer des exercices avec des consignes impliquant des couleurs (colorier des éléments...).
• espace < respecté / non respecté →	• Si l'enfant n'a pas respecté le cadre, c'est qu'il a eu du mal à maîtriser son geste. Proposer des exercices sur format plus grand mais avec des frontières à respecter, puis réduire le format des exercices.
• continuité du tracé < respectée / non respectée →	• Si l'enfant a des problèmes pour commencer l'exercice à un endroit déterminé de la feuille, ou si les tracés sont organisés autour de chacun des chats, proposer des exercices que l'adulte fera avec l'enfant en lui tenant la main, puis en le guidant, puis en le laissant travailler seul comme ci-dessus avec des formats plus grands.

LES LIGNES DÉVIÉES

Tracés continus

Objectifs

• Tracer des lignes continues à partir de points différemment situés dans l'espace et donc pouvoir tracer de bas en haut, de haut en bas, de gauche à droite, de droite à gauche.
• Ralentir le tracé pour éviter des obstacles représentés, grâce à une maîtrise plus fine du fléchissement du pouce.

1
Perception

MATÉRIEL

Comptine pour introduire le jeu :

Je suis l'escargot,
l'escargot tout beau,
sur le sol, je trace
un chemin de glace.
Ne l'efface pas,
suis-moi !

➡ *Créer une situation qui permettra à l'enfant d'évoluer, en respectant des consignes qu'il retrouvera en exercice graphique.*

Le jeu

Répartir les enfants en deux groupes : un groupe d'escargots, un groupe d'enfants.
Disposer dans la salle des obstacles (caissettes).
Assis par terre, les enfants escargots glissent en laissant une trace qu'ils obtiennent en faisant traîner une main portant une craie.

obstacles : cerceaux ou caissettes.

➡ *Anticiper les actions par la prise en compte des informations données par l'œil et par le freinage des mouvements.*

Chaque enfant du second groupe suit debout, en se déplaçant comme il veut, la trace d'un escargot.
Verbalisation des actions par chacun des deux groupes.
Effacer les traces et recommencer le jeu en changeant les groupes.

➡ *Suivre les lignes. Par la verbalisation des actions prendre conscience des changements de trajectoires et créer des images mentales qui pourront être réinvesties dans le graphisme.*

2
Représentation

TME et jeu de l'escargot.

Fabrication du jeu : Sur une plaque de carton coller des bouchons, des boules de cotillons ou du papier froissé pour représenter les obstacles.
Fabriquer des escargots en collant des marrons sur des bandes de papier cartonné.

➡ *Coordination des deux mains et travail des articulations du pouce et de l'index pour prendre, coller.*

1 feuille cartonnée, quelques bouchons ou boules de cotillons, papier froissé etc., quelques bandes de papier de 9 cm sur 2,5 cm, autant de marrons que de bandes

Déroulement du jeu : Le jeu se joue à deux. Un enfant tient l'escargot et le fait glisser sur la feuille en évitant les obstacles. Le second le suit du doigt. S'il se trompe de chemin, il a perdu.

➡ *Entraîner l'enfant à se détacher de son propre geste pour suivre le mouvement d'un autre enfant.*
➡ *Mieux structurer l'espace. Comprendre et utiliser des notions comme autour, derrière, devant, à côté...*

Prolongement du jeu : En recouvrant la feuille de carton d'un film plastique type velleda, on pourra obtenir des tracés que l'on pourra effacer, si on utilise des feutres appropriés.

rouleau et feutres velleda, chiffon

3
Graphisme

Sur plan vertical

exercice 1 : Faire coller sur chaque feuille des boules de papier froissé pour figurer des obstacles en volume. Demander ensuite aux enfants de dessiner au doigt ou à la brosse plate les traces qu'aurait laissées un escargot.

une feuille par enfant, peinture au doigt ou à la gouache

➡ *Maîtrise et coordination des mouvements du bras, du poignet, du pouce et de l'index.*
Ralentir le geste par un meilleur contrôle du fléchissement du pouce.

exercice 2 : Sur des feuilles où la maîtresse aura dessiné des taches représentant des obstacles « plats », faire appliquer la même consigne que dans le précédent exercice.

1 feuille par enfant sur laquelle on aura fait 3 à 4 taches

➡ *Eviter un obstacle représenté à plat même si on a la possibilité de passer dessus.*

exercice 3 : Si la précédente consigne a bien été respectée, on pourra proposer aux enfants de dessiner deux traces de deux couleurs différentes sur la même feuille.

➡ *Faire deux tracés différentes. Entraîner l'œil à précéder le geste.*

Sur plan horizontal

Les mêmes exercices pourront être repris sur table sur des feuilles de format de plus en plus petit, au feutre, à la craie, au crayon. On variera la nature des supports : carton, feuille blanche, de couleur ; la nature des obstacles : en volume (bouchons, boules de papier), plat (taches, trous dans la feuille, gommettes), le nombre de tracés, le nombre d'obstacles. Puis on imposera l'emplacement d'où devra débuter le tracé (en haut de la feuille, en bas, à gauche, droite).

feuilles d'ordinateur
feuilles de canson de couleur ou blanche
feuilles de format $21 \times 29{,}7$ et 21×15
gros feutres
craies grasses
crayons de couleur

➡ *Affiner et mieux maîtriser le tracé par la répétition des exercices sur des formats de plus en plus petits.*

4
Évaluation

Exercice sur cahier de l'élève *(p. 3).*

Proposer ce travail en exercice dirigé. Les consignes seront lues et les enfants situeront les obstacles avant de commencer. Ils pourront prévoir un chemin « au doigt » avant d'utiliser le feutre.

➡ *Réinvestir les réponses des situations précédentes en les organisant de façon plus harmonieuse dans l'espace tout en respectant les limites tracées de l'espace.*

gros feutres ou crayons de couleur

CONTROLE	AIDE
• espace < respecté / non respecté	→ *Le cadre de la feuille* : entraînement sur des feuilles de format plus grand et travail à l'intérieur d'un cadre représenté. → *Les obstacles* : entraînement avec des obstacles en volume.
• couleur < respectée / non respectée	→ proposer des jeux de discrimination des couleurs, des dessins et tracés sans consigne de couleur et faire verbaliser, puis recommencer avec des consignes de couleurs imposées.
• continuité du tracé < respecté / non respecté	→ faire des exercices en tenant la main de l'enfant si la non continuité est indépendante des obstacles – si elle est provoquée par les obstacles, travailler le fléchissement du pouce par des jeux de doigt et proposer des exercices sur des feuilles de format plus grand.

LES LIGNES DROITES VERTICALES

Tracés continus

Objectifs

- Tracer des lignes droites verticales de haut en bas et de bas en haut.

1
Perception

Sens vertical de haut en bas

MATÉRIEL

Comptine pour introduire le jeu :

J'ai un petit râteau,
un râteau tout beau.
Il fait des chemins
sur le sable fin.

j'ai une petite auto,
une belle auto,
qui fait du chemin
sur le sable fin.

Situation 1 : Dans la cour de l'école, autour du bac à sable.
Niveler le sable du bac, à l'aide d'un pneu ou d'un manche à balai couché. Placer les enfants autour du bac à sable. Après avoir donné à chacun d'eux un râteau, leur demander de jouer au jardinier qui trace des chemins, des sillons, sur le sable.
Faire plusieurs tentatives et demander aux enfants d'expliquer ce qu'ils font et ce qu'ils obtiennent.

1 râteau par enfant

➡ *Faire des tracés verticaux et parallèles.*
Observer et entraîner les enfants à réaliser des mouvements dans leur sens dominant qui est le plus fréquemment de haut en bas.
Créer des images mentales par la verbalisation des actions et l'observation des empreintes obtenues sur des supports différents.
Varier la pression sur l'outil en fonction du support sur lequel on agit.

Situation 2 : En classe.
L'expérience de la situation 1 pourra être renouvelée sur de la pâte à modeler ou de la pâte à sel en remplaçant le râteau par une fourchette.

1 fourchette par enfant
pâte à sel (1 volume de sel fin, 2 volumes de farine, de l'eau, 1 c. d'huile)

2
Représentation

Situation 3 : En classe.
Proposer à un groupe d'enfants, différents objets (tels que pailles, bâtonnets, bandes de papier, bouchons, boules de cotillons) à trier de façon à n'utiliser que ceux qui pourraient représenter les chemins faits au râteau.
Les chemins, ainsi représentés par collage, pourront être comparés aux tableaux de collage de laine (voir fiches sur les lignes).

➡ *Reconnaître intuitivement les propriétés des objets qui permettent d'obtenir des tracés droits.*
Se rendre compte des possibilités d'action et de représentation qu'elles permettent.

1 feuille cartonnée 35/50 cm, des bandes de papier, des pailles, des coton-tiges, des allumettes étêtées, des feutres usagés, des bouchons, anneaux, boules de cotillons

3
Graphisme

Sur plan vertical

exercice 1 : Travail de groupe.
Tremper les doigts dans la peinture et les essuyer sur la feuille de haut en bas pour dessiner les chemins. Consigne : ma main est un râteau, je dessine les chemins.

grande feuille dont le format variera en fonction du nombre d'enfants, peinture au doigt

exercice 2 : Travail individuel.
Dessiner des chemins tout droit avec les rouleaux.
Faire observer et verbaliser les résultats des deux exercices.

➡ *S'entraîner à faire des lignes verticales droites de haut en bas.*
Varier la pression sur le support en fonction des outils.
Observer que l'écartement des doigts modifie l'écartement des droites (souvent plus large en haut qu'en bas où les doigts se resserrent).

1 feuille par enfant (double feuille d'ordinateur 76/28), des rouleaux, gouache de couleurs différentes

Sur plan horizontal

exercice 3 : Travail individuel. On pourra reprendre l'exercice 2 en remplaçant les rouleaux par des craies (pastels) que l'enfant fera glisser, couché sur la feuille.

➡ *Entraînement à la réalisation de lignes verticales, sur plan horizontal.*

1 feuille d'ordinateur (38/28) par enfant, pastels, craies

exercice 4 : Travail individuel. Sur des feuilles où l'on aura collé des bandes de papier de couleur, faire tracer une ligne droite entre chaque bande de papier.

➡ *Affiner le graphisme en le guidant par des obstacles de même position que le tracé.*

1 feuille par enfant (38/28) sur laquelle on aura collé sur la longueur 5 à 6 bandes de papier de 3 cm sur 28

4
Perception

Les deux sens du tracé : haut bas et bas haut

Prise de conscience des 2 sens du tracé au moyen d'un jeu.

Faire expliquer aux enfants ce qu'ils voient sur la feuille cartonnée puis proposer le jeu suivant :
Les enfants (pas plus de 4) lancent leur dé à tour de rôle et font avancer leurs voitures où ils veulent sur les routes, en respectant la couleur du dé et le sens du parcours de la couleur.
L'enfant qui se trompe de couleur ou de sens est éliminé. Le dernier joueur restant est le gagnant.

Par la suite on pourra varier les consignes du jeu en imposant un point de départ et d'arrivée, en faisant gagner des jetons après chaque traversée, par exemple 2 jetons pour 1 couleur et 1 seul pour une autre etc.

➡ *Par le jeu reconnaître et différencier les deux sens du tracé vertical.*
Entraînement au mouvement vertical réalisé de bas en haut.

une feuille cartonnée (35/50) sur laquelle on a collé des bandes de papier respectant un rythme de 2 couleurs : □ ■

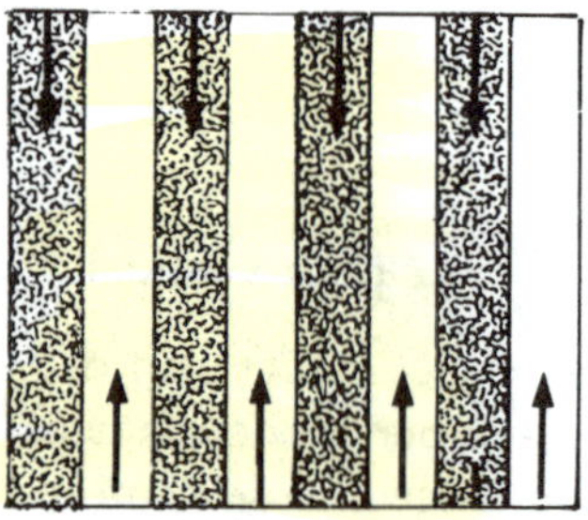

sur lesquelles des flèches indiquent le sens du déplacement, 1 dé avec 3 faces ■ et 3 faces □

1 petite voiture par enfant

5

Représentation

Sur plan vertical

On pourra reprendre les exercices 1 et 2 proposés dans la partie A de cette fiche, en imposant le sens du tracé de bas en haut, puis en imposant deux couleurs qui seront fonction des sens : haut en bas, et bas en haut. Exemple : dessine des chemins qui montent en bleu et des chemins qui descendent en rouge.

➡ *Adapter le geste et l'appui sur la feuille en fonction du sens du tracé. Entraînement à la représentation de lignes verticales dans le sens qui n'est pas dominant.*

feuilles d'ordinateur doubles, peinture au doigt, rouleaux, brosses plates

6

Graphisme

Sur plan horizontal

Lorsque les enfants auront bien admis et respecteront le sens du tracé on pourra proposer des exercices sur table de façon à obtenir des tracés de plus en plus rectilignes dans les 2 sens.

voir exercices 3 et 4 dans *Graphisme* de cette fiche

exercice 1 : Trace des lignes droites qui descendent sur les bandes jaunes et des lignes droites qui montent sur les bandes blanches.

exercice 2 : Trace des lignes qui montent et d'autres qui descendent sur les plis de la feuille.

➡ *Respecter les limites du tracé. Orienter le tracé. Maîtrise du geste, amplitude, vitesse pour rendre le tracé continu et le plus rectiligne possible.*

1 feuille blanche (21 × 29,7) sur laquelle on aura collé, en les espaçant, des bandes de papier jaune

1 feuille (21 × 29,7) pliée en éventail

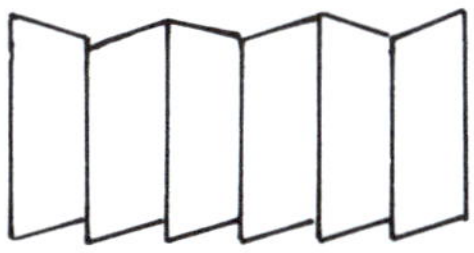

7

Évaluation

Exercice sur cahier de l'élève *(p. 4)* reprend les consignes des exercices précédents. On pourra procéder de deux façons :

1) chaque tracé pourra être fait l'un après l'autre donc en changeant de couleur après chaque ligne ;

2) tous les tracés d'un sens dominant (haut/bas) seront faits dans un premier temps puis ensuite tous les tracés de sens contraire (bas/haut).

➡ *Tracer des lignes droites verticales de haut en bas et de bas en haut en respectant les limites de l'espace et la couleur de chacun des sens.*

feutres ou crayons de 2 couleurs

CONTROLE	AIDE
Respect des consignes :	
• espace < respecté / non respecté →	**sens :** reprendre le jeu des voitures **cadre de la page :** travailler sur des formats plus grands et fixer des points d'arrêt en volume, puis plats, pour que l'enfant apprenne progressivement à ralentir l'élan qu'il prend dans ce genre de tracé. **lignes frontières des chemins :** proposer des exercices sur plan vertical sans couloirs à respecter. Si les lignes sont trop obliques recommencer avec l'enfant, en lui tenant la main pour lui montrer comment guider son geste et lui donner de la vitesse, au besoin indiquer par des taches un point de départ et un point d'arrivée. Si les couloirs ne sont pas respectés dans un sens du tracé seulement, ne travailler que ce sens-là.
• couleurs < respectées / non respectées →	le non respect des consignes sera peut-être dû à la difficulté qu'aura éprouvé l'enfant à associer deux données : sens et couleur. Une simple correction avec l'adulte suffira. Si le problème est autre, faire des exercices de discrimination de couleur.
• continuité du tracé < respectée / non respectée →	– dans les deux sens reprendre les exercices sur des formats plus grands en tenant la main. Travailler d'abord le sens dominant de l'enfant, l'affiner en proposant des couloirs à respecter. Puis lorsque les résultats seront satisfaisants inverser le sens du tracé. – dans un sens : ne travailler que ce sens sur des grandes feuilles en tenant la main dans un premier temps. Contrôler la position de l'enfant par rapport à la feuille en plan vertical et horizontal.

LES LIGNES DROITES HORIZONTALES — Tracés continus

Objectifs

• Tracer des lignes droites horizontales, de gauche à droite et sans lever le crayon.

1

Perception

Parcours en EPS

Comptine pour introduire le jeu :

Sur les fils électriques,
il y a des oiseaux
qui font leur gymnastique
entre les poteaux.
Et un et deux,
ils lèvent la queue.
Et trois et quatre,
ils lèvent les pattes.
Sur les fils électriques,
il y a des oiseaux.
Ils sont très dynamiques,
Ils sont très rigolos.

Situation 1 : Dans la salle de jeu.
Proposer aux enfants de jouer aux oiseaux qui font de la gymnastique, sur des fils électriques.
Pour cela leur demander de chercher parmi le matériel de l'école, ce qui pourrait remplacer les fils de la comptine. Disposer ces objets dans la salle en organisant un parcours où les enfants se déplaceront librement. Après quelques minutes de découverte et d'adaptation au milieu, proposer aux enfants de s'arrêter au signal sonore (tambourin par exemple) pour faire sur place de la gymnastique (comme les oiseaux), puis de continuer le parcours au second signal (crécelle par exemple).

MATÉRIEL

bancs, poutres, bâtons, cordes

Faire présenter et expliquer les différentes réponses.

➡ *S'équilibrer de façon durable.*
Accepter la frustration de la chute.
Prendre conscience des différentes possibilités d'appui.
Coordonner des mouvements.
Apport de vocabulaire par l'utilisation des verbes d'action, des adverbes de temps, de lieu, des noms des parties du corps, des adjectifs qualifiant le matériel utilisé (droit, long, dur, haut...).

2

Représentation

Jeu mathématique et orientation du geste

Situation 2 : Jeu des oiseaux.

Pour jouer : utiliser des bouliers ou en fabriquer, en tendant 4 fils sur des plaques de carton et en enfilant des perles de couleurs sur les fils. Prévoir un boulier par joueur.

Le but du jeu : faire glisser toutes les perles (oiseaux) de gauche à droite des fils.

Déroulement du jeu : Donner à chaque joueur un boulier. Le premier lance les deux dés et fait glisser le nombre de perles correspondant à la constellation du premier dé, et à la couleur indiquée par le second dé. L'enfant qui, le premier, a fait glisser toutes ses perles à droite du boulier, a gagné. Les faces blanches des dés sont des jokers : l'enfant fait ce qu'il veut. En jouant au même endroit de la classe et en ligne, les enfants pourront expliquer ce qu'ils font en faisant référence aux mêmes points de repère.
Exemple : « Je fais glisser trois boules bleues en partant du côté de la porte et en allant vers la fenêtre. »

➡ *Comptage de 1 à 5.*
Connaissance des couleurs.
Lecture complémentaire de deux dés.
Latéralisation : s'entraîner à réaliser des mouvements horizontaux de gauche à droite.
Expliquer le sens de la trajectoire en utilisant des points de repère qui sont les mêmes pour tous les enfants du groupe.

grosse laine
carton (21 × 29,7)
5 perles rouges
5 perles bleues
5 perles vertes
5 perles jaunes

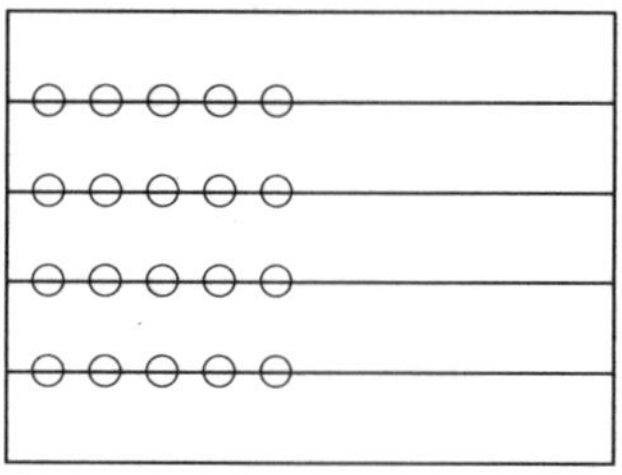

2 dés : 1 dé avec des constellations de 1 à 5, plus 1 face blanche
1 dé avec 1 face bleue, rouge, verte, jaune et 2 faces blanches

3
Graphisme

Situation 3 : Vérifier, sur plan vertical, le sens des tracés horizontaux, en plaçant les enfants à l'endroit où se déroulait le jeu (pour faire référence aux mêmes points de repère) et en leur demandant de dessiner le chemin des oiseaux sur les fils, durant le jeu. Ce travail pourra être réalisé au feutre ou à la peinture, sur des feuilles d'ordinateur, ou tout simplement au tableau noir. Si malgré l'utilisation des points de repère, certains élèves persistent à ne pas respecter le sens du tracé, on pourra matérialiser le point de départ par des gommettes collées le long du côté gauche de la feuille.

➡ *Apprendre à réaliser des tracés de gauche à droite, sans lever le crayon.*

au choix :
- feuilles de grande largeur et gros feutres ou peinture
- tableau, craies

Situation 4 : Il est difficile aux enfants de faire des lignes horizontales, sur plan vertical, car ils sont obligés de maintenir le bras à la même hauteur, et donc de lutter contre le poids de ce membre qui attire le geste vers le bas. On pourra donc coller des guides en relief sur la feuille pour faciliter le tracé. Faire coller des rouleaux de papier sur une feuille et demander aux élèves de tracer des fils sur, au-dessus et au-dessous des rouleaux, en partant toujours de la gauche.

➡ *Le sens du tracé étant respecté, apprendre à faire des lignes horizontales en suivant des obstacles en volume.*

rouleaux de papier absorbant
feuille double d'ordinateur
gros feutres ou peinture

Situation 5 : Proposer à présent des exercices sur table, donc sur plan horizontal.
Dans un premier temps, il serait bon de faire expliquer le sens du tracé sur ce nouveau plan. Pour cela faire placer les bouliers « couchés » et faire dire aux enfants quel est le point de départ et d'arrivée du trajet des « oiseaux ».
Afin de faciliter les explications, on pourra coller deux gommettes de couleurs différentes sur la table, l'une à gauche l'autre à droite. Ainsi on pourra dire : « les oiseaux partent du côté de la gommette rouge (gauche) ils arrivent du côté de la gommette verte (droite) ».

➡ *Réaliser des tracés horizontaux sur plan horizontal. Respecter le sens du tracé en comprenant et utilisant les codes de référence.*

gommettes de 2 couleurs pour indiquer le début et la fin du tracé

Ceci étant établi, proposer les exercices suivants :

exercice 1 : Faire coller des pailles pour relier des gommettes deux à deux et obtenir ainsi des obstacles bien horizontaux. Demander aux enfants de tracer entre les pailles des fils pour les oiseaux. Des gommettes de formes différentes collées sur les lignes droites pourront représenter les oiseaux.

➡ *Guider le tracé par des obstacles en volume. Faire des lignes de gauche à droite sans lever le crayon.*

pailles
feuilles (21 × 29,7) sur lesquelles on aura collé des gommettes sur les bords gauche et droit
feutres

exercice 2 : Faire coller des bandes de papier entre des gommettes et faire tracer des lignes droites entre les bandes de papier.

gommettes de 2 couleurs
feuilles (21 × 29,7)
bandes de papier (3 × 29,7)

exercice 3 : Donner à chaque enfant une feuille, pliée préalablement en accordéon et leur faire tracer un « fil » sur chaque pli. Faire coller des gommettes ou des oiseaux prédécoupés sur les tracés.

➡ *Faire des lignes horizontales en respectant des guides plats et donc affiner progressivement le tracé.*

feuilles (21 × 29,7)
gros feutres

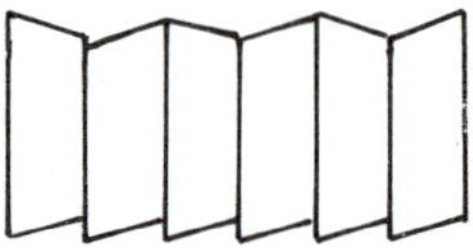

exercice 4 : Sans lever le crayon, faire tracer des lignes droites horizontales, pour attacher des gommettes entre elles.

➡ *Tracer des lignes droites horizontales sans lever le crayon en reliant des gommettes pour maintenir l'horizontalité du tracé.*

feuilles (21 × 29,7) sur lesquelles on a collé des gommettes en ligne

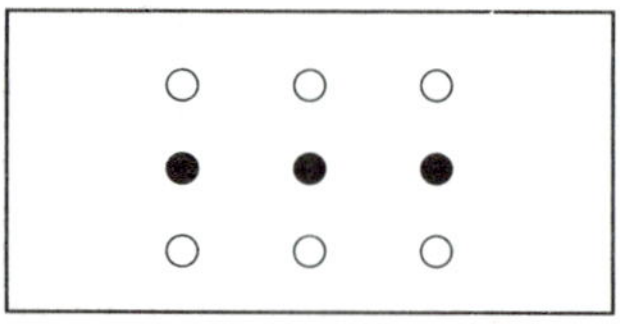

4
Évaluation

Exercice sur cahier de l'élève *(p. 5)*

Cet exercice a les mêmes objectifs que le précédent. Il s'agit de tracer des lignes de gauche à droite pour relier deux points de même couleur. Les oiseaux devraient aider les enfants à maintenir l'horizontalité de la ligne. Faire remarquer que les oiseaux qui sont sur la même ligne sont de même couleur.

CONTROLE	AIDE
On observera :	
• durant l'exercice si le sens du tracé est < respecté / non respecté →	Faire, avec l'enfant d'autres exercices, en lui maintenant la main et en expliquant ce que l'on fait c'est-à-dire en y incluant des points de repère visuels. Puis, toujours en lui tenant la main, lui faire expliquer le sens du tracé et enfin le faire travailler seul mais sous le contrôle soit de l'instituteur, soit d'un camarade tuteur.
• l'horizontalité du tracé < satisfaisante / non satisfaisante →	Il faut savoir que la maturité graphique des enfants de cet âge n'est pas suffisante et qu'il leur est donc difficile de produire des tracés parfaitement horizontaux. On jugera donc satisfaisantes des lignes horizontales imparfaitement droites. Par contre des lignes droites d'orientation oblique, ascendante ou descendante, seront évaluées de façon négative. On proposera alors des exercices d'entraînement sur des feuilles où l'on aura collé des guides en volume. On travaillera dans un premier temps en tenant la main de l'enfant et de préférence sur plan horizontal. Des jeux de discrimination visuelle à base de lignes verticales, horizontales et obliques pourront également être proposées. Puis, très progressivement, on pourra reprendre les exercices 1, 2, 3, 4 de la fiche.
• la continuité du tracé < respectée / non respectée →	– Si le non respect de la continuité est dû au fait que l'enfant ne veut pas écrire sur les « oiseaux guides ». On reproposera l'exercice n° 4 en lui tenant la main, puis l'exercice sur cahier pour une correction individuelle où l'enfant fera seul son tracé. – Si le non respect de la continuité est indépendant des obstacles représentés c'est que l'enfant se crispe. Faire alors libérer le geste en motricité mais aussi en travaillant sur des formats plus grands et en tenant la main dans un premier temps.

LES LIGNES DROITES VERTICALES ET HORIZONTALES

Dans un espace limité

Tracés continus

Objectifs

• Tracer des traits verticaux et horizontaux en respectant les limites des petits espaces à couvrir. Donc meilleurs maîtrise et contrôle des mouvements du poignet et du fléchissement du pouce.

1

Perception

Comptine pour introduire le jeu :

J'ai rêvé, bien rêvé
qu'un magicien fâché
avait gobé, horreur !
la moitié des couleurs.
J'ai rêvé, bien rêvé
d'un paysage rayé !

Situation 1 : Dans la salle de jeu : Jeu de réflexe en EPS.
Proposer des situations au cours desquelles les enfants auront à se déplacer de différentes façons à l'intérieur d'espaces de plus en plus petits. Les espaces pourront avoir la forme de couloirs, de labyrinthes ou de cercles. On y organisera des déplacements libres mais aussi des parcours.

➡ *Respecter les limites du terrain quelles que soient sa forme, sa superficie et quelle que soit la rapidité du déplacement.*
Comprendre et respecter les codes déterminant les limites du parcours.
Se situer et s'organiser dans l'espace.

Lorsque les frontières seront bien respectées, on introduira des signaux sonores qui codifieront les arrêts, les déplacements rapides et lents.

➡ *Respecter les ordres sonores, accepter la frustration provoquée par l'arrêt du déplacement.*

Enfin, proposer des parcours avec des arrêts obligatoires pour prendre des objets ou faire un mouvement ou un équilibre décidé à l'avance.

➡ *Développer les réflexes, la vivacité, la tonicité.*

MATÉRIEL

2

Graphisme

Nous nous proposons à présent de reprendre ces exercices en motricité fine.

Situation 2 : En classe.
Faire sous forme de jeux les exercices suivants.

exercice 1 : Donner une feuille à chaque enfant et leur demander de faire courir le feutre sur la feuille sans jamais en sortir, et donc sans écrire sur la table. Au signal tout le monde s'arrête. Changer alors de feuille, en donner une deux fois plus petite et recommencer l'activité. Puis, au signal, changer à nouveau de feuille, pour en donner une encore plus petite que la précédente.

1 feuille (34 × 40)
1 feuille (34 × 20)
1 feuille (17 × 20)
par enfant
gros feutres

➡ *Apprendre à respecter les limites de supports de plus en plus petits lors de graphismes continus libres.*

exercice 2 : Distribuer aux enfants du groupe une feuille sur laquelle on aura tracé une ligne horizontale. Leur demander de dessiner des traits verticaux (« qui descendent ») et de les arrêter à la ligne. Puis faire tourner la feuille d'un quart de tour afin que la ligne obstacle soit en position verticale et que les tracés des enfants soient à droite de la feuille. Leur demander alors de tracer des lignes horizontales et de les arrêter à la ligne obstacle.
Cet exercice pourra être repris sur des feuilles plus petites, ou avec plus d'obstacles.

1 feuille (34 × 40)
par enfant
gros feutres

➡ *Prévoir le ralentissement et l'arrêt du tracé grâce au contrôle visuel qui se détache du geste du moment, et à une meilleure maîtrise du fléchissement du pouce. Affinement des lignes droites horizontales et verticales.*

exercice 3 : Donner aux enfants des formes géométriques découpées dans du carton ondulé et leur demander de tracer des lignes dans les creux. On placera les formes de façon à avoir des tracés verticaux mais aussi horizontaux. Un collage collectif des formes ainsi décorées pourra être proposé soit sur une plaque de carton ondulé pour obtenir des jeux de lignes, soit sur du bristol.

carton ondulé, gros feutres ou encres de couleur et coton-tiges

➡ *Utiliser les obstacles en volume (rainures du carton) pour diriger et rendre plus rectilignes les tracés.*
S'entraîner à produire des lignes droites verticales et horizontales de longueurs différentes.

exercice 4 : Organiser un concours de la plus grande ligne droite, puis de la plus petite. Pour cela faire travailler les enfants par deux sur une même feuille. Chaque enfant choisira une couleur de feutre. On commencera par des lignes verticales puis horizontales.

feuilles doubles d'ordinateur, gros feutres

➡ *Comparaison de longueurs.*
Prendre conscience de la relation existant entre l'amplitude du mouvement et le tracé obtenu.
Travailler et maîtriser le fléchissement du pouce.

exercice 5 : Proposer à présent des dessins à compléter.
Exemple : à la peinture faire des aiguilles de sapin et au feutre des barreaux à une échelle que figure une bande de papier.

feuilles d'ordinateur, bandes de papier de longueurs différentes

➡ *Affiner le tracé, le rendre automatique.*

exercice 6 : Jouer au magicien fâché. Pour cela donner à chaque enfant des photos publicitaires découpées dans des revues et leur demander de tracer des petites lignes horizontales et verticales à l'intérieur de certains éléments de la photo (vêtements par exemple).

photos publicitaires, feutres

➡ *Respecter les limites représentées qui ne sont donc plus des obstacles en volume ou les limites de la feuille.*

3
Évaluation

Exercice sur cahier de l'élève *(p. 6).* Comme l'exercice précédent, celui-ci propose des tracés horizontaux et verticaux à l'intérieur de petites surfaces. Les droites déjà tracées servent de guides.

➡ *Tracer des lignes droites de longueurs différentes en respectant les limites des formes proposées.*

petits feutres

CONTROLE	AIDE
Durant l'exercice, observer le sens du tracé des lignes horizontales	s'il se fait de droite à gauche, reprendre les exercices de la fiche « Les lignes droites horizontales ».
A la fin de l'exercice on regardera si : • l'espace est < respecté / non respecté →	Sur un plus grand format, proposer l'exercice 1 en laissant l'enfant choisir le moment où il arrêtera son tracé. Puis, lui demander de prévoir l'interruption du tracé et de le dire avant de la rendre effective. Ensuite lui suggérer de prévoir également l'endroit de l'interruption. Puis, refaire ce jeu à partir de tracés de lignes verticales et horizontales. L'entraînement facilitera et encouragera le contrôle visuel, car il entraînera une automatisation du geste qui favorisera une émancipation du regard. L'œil alors ne suivra plus le mouvement mais le guidera.
• les lignes sont < droites / irrégulières →	Dans ce cas, on aura brûlé les étapes. Reprendre les exercices sur grand format pour libérer le geste. Ne revenir à cette fiche que lorsque les fiches « lignes droites verticales », et « lignes droites horizontales » auront donné des résultats satisfaisants. Proposer alors les situations de cette fiche en respectant sa progression.

LE QUADRILLAGE

Tracés continus

Objectifs

• Savoir tracer des lignes droites verticales et horizontales, qui se croisent, en respectant : les sens de « haut en bas », de « gauche à droite », et les limites des surfaces à remplir.

1
Perception

MATÉRIEL

Comptine pour introduire le jeu :

File fila, file filou,
Naninou l'araignée
tisse un fil fin et doux,
tisse un bel écossais.

Situation 1 : Dans la salle de jeu : Le jeu de l'araignée.

Matériel : pelotes de laine, adhésif

Demander aux enfants, divisés en deux groupes, de se placer par deux. Chaque couple du premier groupe doit tendre des fils de même couleur, d'un bout à l'autre de la salle et doit les fixer au sol à l'aide d'adhésifs ou de blue-tack. Donner à chaque couple de l'autre groupe, des fils d'une autre couleur. Les faire tendre dans l'autre sens (perpendiculairement) et les fixer.

➡ *Mettre l'enfant en situation de se créer des points de repère et des images mentales qu'il pourra réinvestir.*

Observer et décrire les résultats obtenus, puis organiser des jeux, des parcours sur le quadrillage, ainsi réalisé.

➡ *Prendre conscience des résultats d'une action dans l'aménagement d'un espace. Décrire cet espace, faire référence à des notions connues (« c'est comme des routes qui se croisent »).*

2
Représentation

Situation 2 : En classe. On proposera des activités où chaque enfant sera amené à créer son propre « tissu » avec différentes matières.

exercice 1 : donner à chacun un carton, avec des encoches sur le pourtour, et de fils de laine de plusieurs couleurs. Demander à chaque enfant de fabriquer un tissu en enroulant la laine autour du carton. Faire observer et comparer les résultats.

carton (21 × 29,7), fils de laine

➡ *Coordination des deux mains.*
Prise de conscience de l'incidence de certains gestes sur le résultat obtenu : enroulement avec fils trop tendus, trop lâches, superposition des fils, entrecroisements obliques...

exercice 2 : Présenter aux enfants des chutes de tissus écossais, des toiles de jute, des vichys. Faire décrire et comparer les tissus. Puis demander à chacun de tirer sur un fil dans un sens et de décrire ce qui se passe. (Utiliser de la grosse toile de jute ou des tissus écossais à grosse trame.)

échantillons de tissus, toile de jute, canevas, tissus écossais, vichy, pied-de-poule

➡ *Enrichissement des réalisations par comparaison avec celles du commerce.*
Compréhension et utilisation d'un vocabulaire d'ordre spatial (haut, bas, à côté, sur, sous, au milieu, entre...).

exercice 3 : Proposer le même matériel que dans l'exercice 1 en demandant aux enfants de reproduire les dessins de tissu écossais ou vichy. Cette réalisation n'est pas un travail de tissage, mais si certains maîtres souhaitent tenter l'expérience, il est fortement conseillé de faire vivre aux enfants la situation en salle de jeu où ils passeront au-dessus et au-dessous de fils tendus.

➡ *Affiner le mouvement pour obtenir des enroulements verticaux et horizontaux.*

Quelle que soit l'activité, faire dire aux enfants ce qu'ils font au moment où ils le font, puis organiser des regroupements où ils mettront en commun leurs réalisations et leurs procédés.

exercice 4 : Faire coller des bandes de papier de deux longueurs sur une feuille ayant les dimensions des bandes. Laisser les enfants tenter de placer les bandes pour réaliser un tissu et leur faire justifier leur

feuille (21 × 29,7), bande de 2 couleurs et de 2 longueurs (21 × 3 et 29,7 × 3) choix (je colle ça ici, parce que là c'est trop grand – ou trop petit –, ça dépasse, ça ne va pas jusqu'au bout...).

➡ *Comparer les longueurs.*
Coordination des deux mains pour orienter, maintenir et coller des bandes de papier.
Organiser le collage ; exemple : coller d'abord toutes les bandes verticales puis horizontales (ou inversement) ou coller une verticale puis une horizontale etc.

3

Graphisme

Les enfants ayant déjà travaillé sur les lignes droites verticales et horizontales, ne devraient pas avoir de difficultés à réaliser des quadrillages. On travaillera cependant progressivement sur des supports de plus en plus petits.

exercice 1 : à la peinture. Faire des quadrillages de deux couleurs au rouleau, à la brosse. On pourra faire coller des boules de papier froissé ou des gommettes dans les cases obtenues.

➡ *Réaliser des tracés continus horizontaux et verticaux qui se croisent.*
Se créer des points de repère dans le quadrillage.

gouache, brosses plates ou rouleaux, feuilles (34 × 49,9)

exercice 2 : Faire des quadrillages sans consigne de couleur sur trois feuilles de formats différents.

➡ *Affinement du tracé par l'entraînement et l'adaptation aux formats plus petits.*

feuilles (21 × 60, 21 × 29,7, 21 × 14), gros feutres

exercice 3 : Reprendre les collages réalisés lors de l'exercice 4 de la situation 2 et demander aux enfants de tracer des lignes verticales et horizontales sur les bandes puis entre les bandes.

➡ *Maîtriser la verticalité et l'horizontalité des lignes.*

exercice 4 : Donner à chacun une feuille sur laquelle on aura tracé un quadrillage noir. Demander aux enfants de dessiner des fils de couleur entre les lignes verticales puis entre les lignes horizontales.

➡ *Différencier les lignes verticales et horizontales lorsqu'elles sont de même couleur.*
Automatisation des tracés.

feuilles (21 × 29,7) avec photocopie du quadrillage, gros feutres

exercice 5 : Faire des quadrillages sur des formes découpées dans du bristol (formes géométriques ou figuratives). Rassembler ces formes pour réaliser des mobiles.

➡ *Réaliser des quadrillages sur des formes ayant des côtés arrondis ou des angles. (Pour faciliter le travail on pourra placer les formes sur une feuille rectangulaire plus grande, permettant les dépassements.)*

formes : ronde, carré, triangle, petits feutres

■

exercice 6 : Le puzzle du bonhomme. Le maître dessine un bonhomme et après découpage donne à chaque enfant d'un groupe une partie du corps à habiller en « tissu écossais ». Après la réalisation des quadrillages, les enfants du groupe reconstituent le bonhomme par collage.

➡ *Maîtrise du schéma corporel.*
Automatisation et affinement du tracé.

1 bonhomme réalisé sur une feuille d'ordinateur, petits feutres

■

4
Évaluation

■ **Exercice sur cahier de l'élève** *(p. 7).*
Faire tracer dans un premier temps toutes les lignes verticales d'un quadrillage puis les lignes horizontales. Faire de même pour les autres quadrillages proposés.

➡ *Savoir tracer des lignes droites verticales et horizontales en respectant les sens haut en bas et gauche à droite et les limites des surfaces à remplir.*

petits feutres

■

CONTROLE	AIDE
On observera si :	
• les limites sont < respectées / non respectées →	Proposer des formats plus grands. Demander avant le tracé où le trait commencera et où il s'arrêtera. Faire également verbaliser l'enfant pendant le graphisme. Multiplier les réalisations sur des supports différents pour rendre le geste automatique et pour que l'attention de l'enfant se porte sur les limites du tracé à respecter. On favorisera ainsi l'anticipation.
• les lignes sont < verticales et horizontales / obliques et dépassant les lignes →	Reprendre les exercices des fiches « Lignes verticales », « Lignes horizontales » et notamment les exercices où des obstacles en relief apparaissent. Ne proposer des obstacles plats que si les lignes tracées par l'enfant ne « touchent » plus les obstacles. Puis, proposer de nouveaux quadrillages.
• les lignes sont < continues / en pointillés →	L'exercice est trop difficile, l'enfant n'a pas suffisamment automatisé son graphisme. Libérer sa tension, en le faisant travailler sur des grands formats et sans contraintes ni obstacles. Lorsque les quadrillages se feront facilement, on tentera d'affiner le tracé par des guides. Puis, très progressivement, on proposera des supports plus petits.

LES LIGNES BRISÉES HORIZONTALES

Tracés continus

Objectifs

- Dessiner, en respectant une trajectoire horizontale, des lignes brisées, de grandes et petites tailles.
- Tracer de gauche à droite sans lever le crayon et sans dépasser l'intervalle formé par des lignes tracées.

1

Perception

Comptine pour introduire le jeu :

Oh hisse et oh !
je grimpe là-haut.
Et ouh la la !
je glisse en bas.

Situation 1 : Dans la salle de jeu.
Réaliser un parcours à l'aide de blocs de mousse inclinés ou de bancs, dont deux pieds seront posés sur des tables basses de façon à obtenir des suites de pentes.

Laisser les enfants parcourir librement l'espace ainsi aménagé. La mise en commun des déplacements proposés par les enfants et leur imitation, seront des occasions de faire verbaliser les actions ; donc d'employer un vocabulaire se référant aux différentes parties du corps, et des locutions d'ordre spatial...

➡ *Vivre une situation qu'on aura à représenter.*
Se créer des points de repère spatiaux et temporels.
Prise de conscience des deux sens (ascendant et descendant) de la traversée d'une pente et des différentes possibilités d'actions qui en découlent.

MATÉRIEL

plans inclinés de mousse ou 2 bancs par table utilisée.

Comprendre et utiliser un vocabulaire, des expressions qui seront réinvesties dans les situations de représentations et dans les consignes des exercices graphiques.

2
Représentation

Situation 2 : En classe.
Proposer aux enfants différents matériaux : bandes cartonnées, pailles, spatules, pâte à modeler, mais aussi des formes géométriques découpées : triangles, ronds, carrés, ou des blocs logiques. (Les éléments pourront être « plantés » dans la pâte à modeler selon l'orientation verticale ou horizontale des réalisations.)
Et leur demander de fabriquer des montagnes pointues pour y faire jouer des petits personnages (Duplo, Lego, Playmobil). Après la mise en commun des réalisations et des procédés, on pourra proposer des activités qui serviront de supports aux premiers exercices graphiques.

exercice 1 : Il serait bon de réaliser cet exercice en même temps que les enfants. Distribuer à chacun une bande cartonnée. Les faire plier en éventail à partir d'une des deux petites largeurs. On obtient ainsi un accordéon que l'on pourra coller sur une feuille de façon à avoir une suite de petites « montagnes ».

1 bande de bristol (4 × 40), 1 feuille de canson, colle, par enfant

➡ *Par le jeu de la représentation libre, développer la créativité et contrôler le réinvestissement de la situation 1, notamment en ce qui concerne le respect des formes, des orientations.*
Par la manipulation, favoriser une connaissance intuitive des objets et de leurs propriétés.
Développer la motricité fine par un travail de coordination des deux mains, et par une maîtrise des gestes, qui tout en assemblant les éléments, sont confrontés au problème de leur équilibre.
Reproduire des gestes lors du pliage et copier les déplacements et retournement d'un pliage modèle exécuté en même temps par le maître.

exercice 2 : Coller des bâtonnets sur leur longueur, pour faire des montagnes qui se « touchent ».

allumettes étêtées ou pailles coupées, 1 feuille bristol, par enfant

exercice 3 : Faire coller des bâtonnets sur une ligne brisée, préalablement tracée par la maîtresse.

➡ *Par la verbalisation, faire comprendre que plus on écarte les pentes, plus les montagnes sont grosses et petites et inversement.*
Affiner la motricité fine par le respect des tracés.
Créer des images mentales.

3
Graphisme

Après une observation des différentes réalisations, nous proposerons aux enfants des exercices à réaliser, dans un premier temps, sur plan vertical.

Situation 3 : graphisme sur plan vertical

exercice 1 : Donner aux enfants le collage réalisé lors de l'exercice 1 de la situation 2 et leur demander de peindre à la brosse les « montagnes » en commençant à gauche.

brosses plates, gouache de couleurs claires

exercice 2 : Sur le même support, faire tracer au feutre, sur les montagnes peintes, des lignes, toujours en commençant à gauche, et en n'arrêtant pas le tracé avant la fin de la ligne.

gros feutres de couleurs foncées

exercice 3 : Faire peindre des lignes brisées, d'abord à la peinture au doigt, puis au pinceau. Et varier les consignes : « dessine de grandes montagnes » (des petites montagnes, etc.).

peinture au doigt, gouache, pinceau

exercice 4 : donner à chacun une feuille dont l'un des bords aura été découpé en « pointes » et demander aux enfants de peindre une ligne en suivant ce côté accidenté ; puis faire changer de couleur et faire peindre une seconde ligne en suivant la précédente et ainsi de suite.

gouache, brosses rondes

➡ *Initiation aux mouvements à produire lors de la représentation de lignes brisées.*
Encourager l'entraînement pour une meilleure compréhension du geste.
Maîtriser les arrêts et les changements de sens par un contrôle des mouvements de l'épaule.
Affiner les tracés en suivant des lignes-guides. Donc être capable de maîtriser suffisamment le mouvement pour pouvoir le ralentir et l'arrêter ; et ainsi se servir de l'œil comme guide du tracé.

Situation 4 : Graphisme sur plan horizontal

exercice 1 : Faire tracer au feutre sur la feuille de l'exercice 3 de la situation 2, des lignes brisées sur et sous celle obtenue par collage de bâtonnets.

gros feutres

exercice 2 : Sur des bandes de papier, faire faire des lignes brisées puis demander aux enfants de coller des gommettes sur les pointes du haut. Ces bandes pourront être assemblées pour former un cadre à des tableaux collectifs par exemple.

bandes de papier de largeurs et longueurs différentes, de plus en plus étroites selon le niveau d'exécution des enfants

exercice 3 : Faire coller des bandes de papier de couleur et demander aux enfants de dessiner un chemin de montagnes entre deux bandes collées.

exercice 4 : Dessiner sur une feuille une ligne brisée et proposer aux enfants d'en dessiner d'autres en suivant la première.

➡ *Reproduire des tracés sur plan horizontal.*
Donc, permettre un affinement du tracé par des réalisations plus petites.
Ainsi, apprendre à contrôler les mouvements du coude, du poignet, des doigts.
Contrôler le fléchissement du pouce qui permet de maîtriser le ralentissement, l'arrêt, le changement d'orientation.
Se servir des guides horizontaux pour respecter la trajectoire et des guides verticaux pour respecter les hauteurs de la ligne brisée.

4
Évaluation

Exercice sur cahier de l'élève *(p. 8).*
L'exercice du cahier sera à proposer lorsque les précédents auront donné des résultats satisfaisants, c'est-à-dire lorsque l'enfant sera capable de réaliser seul, de grandes et de petites lignes brisées horizontales. On n'exigera pas que les lignes « touchent » les limites des guides. On exigera qu'elles ne les dépassent pas.

➡ *Tracer de grandes et petites lignes brisées sans lever le crayon de la feuille, en respectant une trajectoire horizontale.*
Respecter le sens gauche-droite du tracé et les intervalles formés par les lignes représentées.

CONTROLE	AIDE
On observera si :	
• la continuité du tracé est < respectée / non respectée →	L'enfant lève le stylo de la feuille à chaque changement de sens. Travailler avec lui en lui tenant la main, au tableau, puis sur table lorsqu'il sera capable de faire seul sur plan vertical des tracés continus. Diminuer très progressivement les dimensions des supports.
• les limites sont < respectées / non respectées →	– Si le tracé ne dépasse pas les limites, ce n'est pas grave. – Si le tracé dépasse les limites, c'est que l'enfant ne contrôle pas suffisamment les articulations du poignet et du pouce. Proposer des jeux de doigts et de nombreux dessins libres sur des formats de plus en plus petits. Reprendre ensuite les exercices des fiches précédentes avant celle-ci.
• les lignées brisées sont « pointues »	
< arrondies →	– Le geste est trop mou. Vérifier la bonne tenue du crayon.
< carrées →	– L'enfant se crispe et maîtrise mal son arrêt. L'exercice ayant, dans ces deux cas, été proposé trop tôt, multiplier les graphismes sans guide au tableau, en tenant la main de l'enfant, puis seul. Parallèlement, proposer des exercices de motricité fine (enfilage de perles...), des jeux d'adresse (lancers de balles par exemple) pour faire travailler et mieux contrôler les mouvements des bras.

LIGNES ET POINTS

Divertissement graphique

Tracés discontinus

Objectifs

• Tracer de courtes lignes droites et courbes, donc maîtriser le fléchissement du pouce pour prévoir le ralentissement et l'arrêt du tracé.
• Faire des points, donc maîtriser l'articulation du poignet.
• Organiser l'espace, donc prévoir les tracés, leur forme, leur organisation.

1
Perception

MATÉRIEL

Comptine pour introduire le jeu :

Saute, saute,
petit mouton !
Tape, tape,
petit grillon !
Glisse, glisse, glisse,
petit limaçon !

Situation 1 : Dans la salle de jeu.
Proposer un jeu mimant la comptine à sauter en chantant « saute saute petit mouton » ; taper des mains en chantant « tape tape petit grillon » ; glisser (les pieds, ou assis, ou allongé) en disant « glisse glisse petit limaçon ».
Le jeu pourra ensuite être repris en l'organisant en parcours, rythmé, à l'aide de palets, foulards et cordes :

palets, cordes, foulards

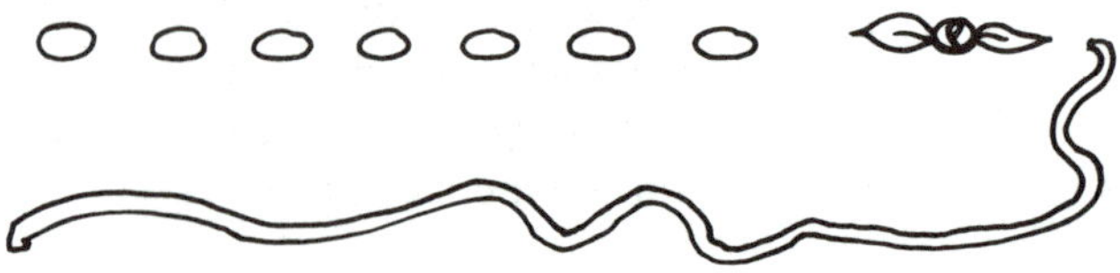

Exemple : Les enfants sautent de palet en palet, tapent la chanson, lorsqu'ils sont près du foulard, et glissent comme ils veulent en suivant les cordes.

En gardant les mêmes codes de déplacements, on pourra ensuite proposer d'autres parcours différemment aménagés dans l'espace et alterner glissades et sauts (donc cordes, palets et foulards).

➡ *Respecter le mime et l'enchaînement des actions.*
Contrôler ses impulsions pour ralentir, arrêter, modifier les déplacements.
Comprendre et respecter les codes de déplacements.
Structurer l'espace en se créant des points de repère qui sont fonction du lieu et de l'organisation des éléments, qui le composent, entre eux.
Structurer le temps en respectant l'ordre et le rythme des déplacements.

2
Représentation

Situation 2 : En classe, sur table.

exercice 1 : Demander aux enfants de coller sur une feuille cartonnée, en exercice individuel ou de groupe, les éléments proposés, ci-contre.

laine, bâtonnets, gommettes, bristol

Faire comparer les résultats en faisant énumérer les objets utilisés, les couleurs choisies et en incitant les enfants à situer les éléments entre eux et par rapport à la feuille.
On pourra organiser également des déplacements de petits bonshommes sur la feuille aménagée tout en demandant à l'enfant qui déplace son personnage de dire ce qu'il fait au moment où il le fait. Il serait bon que durant le jeu, il distingue les lignes droites des lignes qui serpentent, les points et les mouvements effectués : leurs départs, leurs arrêts, ceux qui vont tout droit, ceux qui tournent, ceux où « on saute ».
Pour que les élèves puissent s'imprégner de la structuration spatiale des réalisations des autres, on pourra leur proposer des jeux sur leur propre collage mais aussi sur ceux de leurs camarades.

➡ *Développer la créativité en permettant à l'enfant de réinvestir des images, construites lors de séances précédentes, et en les organisant avec de nouveaux éléments, dans une autre situation.*
Par l'observation et la verbalisation, enrichir son patrimoine d'images mentales, mieux structurer l'espace en employant un vocabulaire de plus en plus précis.

Développer la motricité fine qui, alliée à une meilleure structuration de l'espace, favorise l'anticipation des actions, pour obtenir des réalisations décidées à l'avance.
Diriger, lors du jeu, son geste, apprendre à le ralentir, le stopper. Préparer ainsi l'enfant au graphisme.

exercice 2 : Sur table.
Faire verser par chaque enfant une cuillerée d'encre sur leur feuille puis leur demander de souffler l'encre à l'aide d'une paille. Vérifier avant, avec de l'eau, que les élèves sont capables de comprendre la différence entre souffler et aspirer. Lorsque la peinture sera sèche, leur faire rajouter des points de plusieurs couleurs, à la peinture au doigt, avec l'index.
Les résultats seront observés et comparés.

encres à l'eau, cuillères à café, pailles, peinture au doigt, feuille (34 × 40)

➡ *Etre capable de faire des points avec son index donc de maîtriser l'arrêt du tracé, et le déplacement, hors de la feuille, du doigt.*
Structurer l'espace feuille en répartissant les points, en les espaçant.

exercice 3 : Sur table.
Demander à chaque enfant de rechercher tous les dessins que l'on peut faire sur la pâte à modeler étalée, avec un bâton d'allumette. On observera les empreintes laissées par le bâton couché, « debout » mais aussi les traces obtenues par le déplacement du bâton sur la pâte.

allumettes étêtées, pâte à modeler

➡ *Entraîner l'enfant à arrêter le geste. (Le point obtenu en enfonçant l'extrémité de l'allumette dans la pâte ne peut se prolonger en ligne sans une forte pression.)*
Transformer des traces obtenues de façon fortuites en ajoutant des empreintes pensées avant le geste.

3
Graphisme

Situation 3 : Sur le plan vertical.
Demander aux enfants de peindre comme ils veulent des lignes et des points pour faire jouer les petits bonshommes.
Pendant la réalisation de ce travail, on fera remarquer aux enfants, par la verbalisation de leurs actions, les façons d'utiliser la brosse en fonction des résultats que l'on veut obtenir.

gouache, brosses rondes, feuille (34 × 40)

On fera également comparer les dessins entre eux, mais aussi les dessins et les collages des séances précédentes.

➡ *Apprendre à utiliser un outil : prendre conscience des effets obtenus en variant la pression sur la feuille, et en le laissant traîner.*

Situation 4 : sur table.

exercice 1 : proposer le même exercice que celui réalisé à la peinture en situation 3.

gros feutres, feuilles d'ordinateur

exercice 2 : Demander aux enfants de faire d'abord des points sur la feuille puis des lignes de plusieurs couleurs qui ne touchent pas les points.

➡ *Réinvestir les organisations spatiales obtenues lors des collages.*
Reproduire les gestes utilisés lors des exercices 2 et 3 de la situation 2, mais avec un outil laissant une trace.
Savoir interrompre un tracé en prévoyant son arrêt, donc en ralentissant le geste.
Maîtriser l'articulation du poignet lors des graphismes points.
Affiner par la multiplication des productions, son graphisme.

exercice 3 : Proposer l'exercice inverse du second. Faire tracer des lignes droites, puis des lignes qui tournent et enfin des points.

gros feutres, feuilles d'ordinateur

➡ *En différenciant l'ordre des tracés, provoquer d'autres réponses notamment dans l'organisation spatiale des lignes et points.*

4
Évaluation

Exercice sur cahier de l'élève *(p. 9).*

gros feutres

Il s'agit d'un divertissement graphique où l'enfant est amené à réinvestir, sur un format plus petit, les situations exposées dans cette fiche. On le laissera donc libre d'organiser l'espace comme il l'entend en ne dépassant pas le cadre de l'exercice et en évitant les obstacles représentés par le mouton, le grillon et le colimaçon.

➡ *Savoir tracer des lignes droites, ou présentant des courbes et pouvoir les interrompre. Faire des points donc maîtriser le geste et l'outil pour arrêter le tracé au point d'impact.*

Picasso : Bouquet de fleurs

CONTROLE	AIDE
On observera :	
• Les lignes : leur forme, leur organisation, leur nombre. Plus il y en aura, meilleur sera le résultat, à condition qu'elles ne forment pas un gribouillis. Ceci montrera que l'enfant maîtrise bien le ralentissement et l'arrêt des tracés. Par contre, s'il n'y a qu'une ou deux lignes il faudra vérifier la bonne compréhension de la consigne. →	Si la consigne est bien comprise, on analysera les précédentes réalisations de l'enfant et on comparera le nombre de lignes tracées. Si elles sont nombreuses, c'est que le format de la feuille a perturbé l'enfant. Lui donner alors d'autres exercices de même format pour qu'il puisse s'entraîner. Par contre, si les lignes étaient déjà peu nombreuses, cela prouve que l'enfant a du mal à interrompre son tracé. On proposera donc d'autres exercices sur grand format, en introduisant des signaux sonores comme cela a déjà été expliqué dans les fiches précédentes. On pourra également introduire des barrières en collant des éléments en volume.
• Les points : leur organisation sur la feuille, par rapport aux lignes, et leur forme : – ronde – en tiret	L'enfant, en levant le crayon de la feuille : – se crispe. Le contrôle du mouvement se fait alors plus au niveau du coude que du poignet. Faire alors des jeux de doigts faisant appel à l'articulation du poignet. Multiplier les prises d'empreintes de doigts, de bâtons (...) dans la pâte à modeler et proposer d'autres exercices graphiques à base de points ; – l'enfant ne tient pas bien son crayon, la pression des doigts est insuffisante. Au moment où l'enfant lève le crayon, celui-ci glisse des doigts, continuant ainsi le tracé. Dans ce cas, proposer aussi des jeux de doigts faisant intervenir la pression des doigts, mais aussi des jeux de « gymnastique fine » avec un crayon, un bâton, une perle. Faire d'autres exercices en tenant la main de l'enfant pour qu'il sente la pression exercée sur l'outil puis le laisser seul.

LIGNES ET POINTS
Transformer un graphisme

Tracés discontinus

Objectifs

• Produire des graphismes variés à l'aide de points et de traits en variant le nombre des éléments, leur organisation spatiale et leur couleur.
• Accepter de modifier le graphisme d'un autre et respecter les limites des lignes frontières.

1
Perception

Comptine pour introduire le jeu :

Je voudrais tant te ressembler !
dit le jaguar au tigre rayé.
Je voudrais tant te ressembler !
dit le tigre au jaguar tacheté.
Fais-moi des taches, fais-moi des traits !
rayé-tacheté, tacheté-rayé,
on ne peut pas nous distinguer.

Situation 1 : Dans la salle de jeu.

Le jeu des jaguars et des tigres
Tracer au sol quatre couloirs divisés en six cases. Le nombre de cases variant selon le nombre de joueurs par équipe.
Diviser les enfants en deux groupes de deux équipes chacun. Dans chaque groupe on formera ainsi l'équipe des jaguars et l'équipe des tigres. On fera jouer les groupes simultanément en attribuant à chacun un dé.
Le but du jeu est de faire placer chaque joueur dans une case de son couloir. Pour cela, à tour de rôle, un membre de l'équipe désignée lancera le dé. Le nombre de points indiquera le nombre de joueurs pouvant se placer dans les cases du couloir. La première équipe qui a rempli son couloir a gagné. Avant

MATÉRIEL

craies de tableau, 2 gros dés de carton avec 2 faces de 1 point, 2 faces de 2 points, 2 faces de 3 points

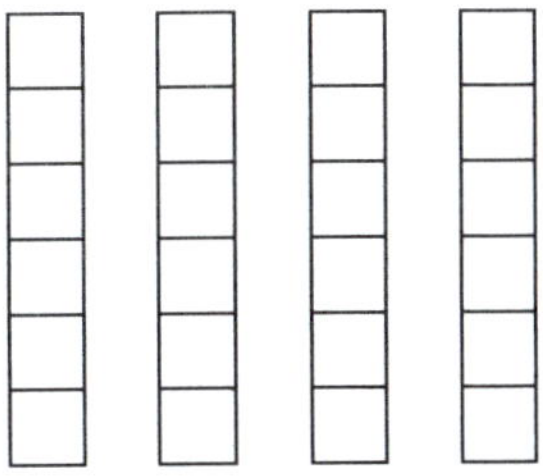

de faire pratiquer ce jeu, on pourra proposer aux enfants d'évoluer librement dans leur couloir sans en effacer les marques. Ainsi ils pourront se créer des points de repère que la verbalisation de la situation multipliera.

Le jeu pourra ensuite être proposé en remplaçant les joueurs, par des disques tachetés ou rayés. Chaque joueur ira placer le disque qui le représente dans une case du couloir.

autant de disques rayés que de joueurs tigres et de disques tachetés que de joueurs jaguars

➡ *Vivre une situation qui sera exploitée en classe. Structuration de l'espace. Repérage dans un quadrillage, comptage de 1 à 3.*
Favoriser la communication. Attendre son tour. Respecter une consigne, une règle. Coopérer, s'entraider, imiter. Apprendre aux autres. Comprendre et utiliser un vocabulaire comprenant des adverbes de lieu, de temps. Se poser des problèmes, chercher à les résoudre. Prendre, par la verbalisation, conscience de ses actions et des organisations d'ordre spatial. Symbolisation : codage et décodage des symboles sur les disques.

Le jeu des branches musicales

Demander aux enfants de former des couples jaguar/tigre et placer autant de bâtons moins un, qu'il y a de couples. Au son d'une musique ou d'un chant, les couples se déplacent librement ; lorsque la musique s'arrête, les couples se placent à chaque bout d'un bâton. Le couple qui n'a pas trouvé de place est éliminé. On recommence en retirant un bâton.

autant de bâtons moins un qu'il y a de couples

les bâtons sont posés sur le sol

➡ *Mêmes objectifs d'ordre socio-affectifs et cognitifs dans une autre organisation spatiale qui sera exploitée en classe. Comprendre et utiliser un vocabulaire s'y référant (ex. à chaque bout...).*
Approche de la notion de soustraction.

Le jeu pourra être repris avec les disques représentant les animaux. Dans cette version, chaque enfant placera son disque à une extrémité du bâton, quand la musique s'arrêtera.

La verbalisation de la situation vécue favorisera la compréhension des consignes ultérieures et une meilleure organisation de l'espace.

➡ *Observer et comprendre les modifications de l'organisation spatiale de la situation.*

2
Représentation

Situation 2 : En classe.
Le jeu des jaguars et des tigres pourra être repris, avec des planches représentant les couloirs et des jetons pour remplacer les disques. (Ce jeu se joue à deux.)

➡ *Réinvestir les notions de la situation 1 dans un jeu à deux. Se repérer dans un espace similaire mais plus petit.*

autant de jetons que de cases, prévoir 2 couleurs, bandes de carton (1 par joueur), allumettes, gommettes de 2 couleurs

On pourra également proposer une représentation du jeu des branches musicales en faisant coller des allumettes étêtées ainsi que des gommettes de deux couleurs.
Après l'observation des résultats obtenus, on recherchera, par collage, toutes les façons de coller une allumette et deux gommettes de couleurs différentes.

➡ *Mêmes objectifs + respecter le rythme de deux couleurs pour un bâton. Développer la motricité fine lors du collage ; mais aussi la créativité et une meilleure connaissance des objets et de leur organisation, créer des images mentales qui pourront être réinvesties.*

3
Graphisme

On tentera dans cette partie de réinvestir, dans les exercices graphiques les organisations spatiales découvertes dans les situations 1 et 2. Mais on essaiera d'en découvrir d'autres en aménageant les supports et en variant les consignes.

exercice 1 : Recommencer le jeu des jaguars et des tigres, mais faire remplacer les jetons par des points faits avec deux gros feutres de couleurs différentes.

grandes feuilles d'ordinateur, 2 gros feutres de 2 couleurs

➡ *Savoir faire des points, donc maîtriser l'arrêt du tracé. Décider et respecter l'endroit où le point doit être fait.*

exercice 2 : Faire tracer un quadrillage (ou le construire à l'aide de bandes de papier collées). Après observation, demander aux enfants de faire un point dans chaque case.

gros feutres, feuilles d'ordinateur, par enfant

➡ *Se repérer dans un quadrillage plus complexe. Affinement de la motricité par l'entraînement.*

exercice 3 : Reproduire au feutre (ou à la peinture) les collages obtenus avec une allumette et deux gommettes.
Les résultats seront comparés au collage et éventuellement classés dans un fichier de graphisme.

➡ *Reproduire les organisations découvertes en situation 2. Donc avoir compris, mémorisé l'organisation de trois éléments et savoir les différencier des situations voisines.*
Favoriser l'anticipation des tracés.

feuilles d'ordinateur, gros feutres

exercice 4 : Demander aux enfants de percer de plusieurs trous une feuille et leur faire tracer de petits traits.
On comparera les réalisations et on fera reproduire au feutre les structures intéressantes et nouvelles qui complèteront le fichier.

➡ *À partir des mêmes graphismes, chercher d'autres organisations spatiales.*
Enrichir son patrimoine graphique en s'appropriant les réalisations des autres enfants.

poinçons ou aiguilles à canevas, petits feutres

exercice 5 : Placer les enfants par groupe de deux, et demander à chacun de dessiner des traits et des points sur une feuille. Puis faire échanger les feuilles et demander aux enfants de modifier le graphisme en ajoutant d'autres traits et d'autres points.

➡ *Affiner le graphisme. Accepter de voir son graphisme être modifié par un autre. Accepter de travailler sur une feuille portant les traces d'un autre.*

1 feuille (21 × 29,7) par enfant, gros feutres

4
Évaluation

Exercice sur cahier de l'élève *(p. 10).*
Proposer cet exercice en atelier dirigé.
Après avoir récité la comptine, on recherchera une façon de transformer le jaguar et le tigre pour qu'ils se ressemblent. Enfin on fera modifier chaque élément du paysage, en faisant référence si besoin est aux réalisations qui composent le fichier.

➡ *Enrichir sa production par la comparaison.*
Produire des graphismes variés à l'aide de points et de traits en variant le nombre des éléments, leur organisation spatiale et leur couleur.

gros feutres

CONTROLE	AIDE
On observera :	
la façon dont l'enfant aura organisé son graphisme en fonction des éléments qui composaient la feuille	
• respect des limites de chaque élément	– Les limites ne sont pas respectées. Vérifier si tel est le cas dans les autres exercices. Car l'enfant peut refuser de travailler sur une feuille où le dessin est trop présent. En ne respectant pas les limites, il peut vouloir les cacher. – Les limites sont rarement respectées, alors l'enfant structure mal l'espace et ne maîtrise pas suffisamment son graphisme. Proposer des exercices de coloriage et travailler sur de plus grands formats. Multiplier les activités de collage, d'enfilage de perles, etc.
• variété des graphismes	Si la même réponse, quel que soit l'élément du dessin, est donnée, on pourra proposer des exercices où l'enfant recopiera des modèles à deux, puis trois, puis plus d'éléments. Exemples : 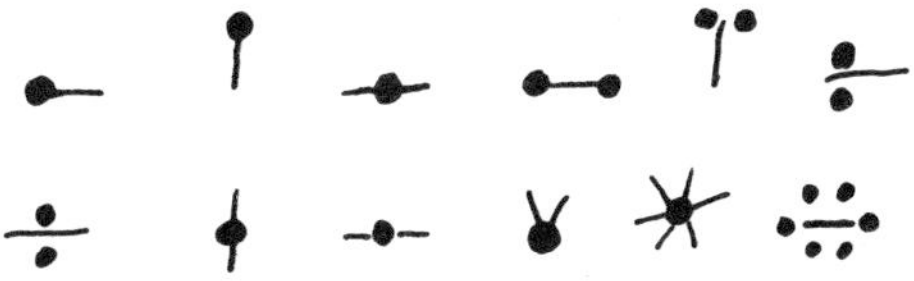 Par l'entraînement, l'enfant mémorisera et affinera les graphismes qu'il pourra réinvestir.

POINTS SUR UN PARCOURS ORIENTÉ

Tracés discontinus

Objectifs

• Automatiser suffisamment l'acte graphique qui permet la réalisation de points pour permettre au regard de se détacher de cet acte et de le précéder pour le guider, apportant ainsi des renseignements sur le sens, les retournements, les croisements du tracé à suivre. Provoquer ainsi les adaptations motrices nécessaires au respect des consignes.

1

Perception

Comptine pour introduire le jeu :

Petit poucet est malin.
Il sème de petits cailloux ronds,
pour retrouver le chemin
qui conduit à sa maison.
Il en sème 1, 2, 3, 4, 5...

Situation 1 : Dans la salle de jeu ou dans la cour. Répartir les enfants en groupe de quatre à sept selon l'effectif de la classe, et attribuer à chaque groupe une maison de couleur et des disques de même couleur, pour remplacer les cailloux. Placer les enfants d'une même équipe en file près de leur maison. Les maisons de papier pourront être posées au sol à différents endroits de la salle. Le premier de chaque équipe se promènera dans la salle, suivi de ses coéquipiers, dont le dernier sèmera les disques l'un après l'autre au cours du déplacement. On aura soin de dire aux enfants de ne pas marcher ni shooter dans les disques. Au signal d'arrêt de jeu, regrouper les élèves et leur faire observer les chemins obtenus. Puis demander à chaque équipe de retrouver le chemin de leur maison en suivant les disques de couleur. Ensuite, on pourra échanger les chemins et faire suivre dans les deux sens le chemin d'une autre équipe.

MATÉRIEL

disques de carton d'autant de couleurs qu'il y a d'équipes, une maison de papier ou un cerceau par équipe

On pourra reprendre cette activité en matérialisant des routes par des lignes tracées à la craie, ou des cordes posées au sol. Les enfants poseront les disques sur la ligne au fur et à mesure du déplacement.

➡ *Favoriser la communication et les rapports entre enfants. Apprendre à tenir compte des autres, à assumer son rôle dans le groupe, à coopérer.*
Respecter les consignes.
Comprendre le codage des parcours.
Par l'observation et le déplacement en sens inverse, se rendre compte de la nécessité de ne pas trop espacer les disques.
S'orienter dans l'espace. Trouver le point de départ et d'arrivée d'un parcours. Pouvoir le refaire en sens inverse.
Se créer un parcours en sélectionnant des lignes imposées.
Se servir du regard pour anticiper le déplacement.
Comprendre et utiliser des adverbes de temps et de lieu.

2
Représentation

Situation 2 : En classe.

exercice 1 : Sur une feuille où l'enfant collera où il veut une maison de papier, faire coller, à partir de la maison plusieurs bandes de papier.
Demander ensuite à l'élève de choisir un chemin et d'y coller des gommettes.
Faire comparer les résultats, échanger les réalisations pour faire suivre au doigt le chemin dans un sens puis dans l'autre.

1 maison par enfant, bandes de papier, feuilles d'ordinateur, gommettes

exercice 2 : Donner à chaque enfant une feuille sur laquelle on aura tracé à partir d'une maison plusieurs chemins présentant des courbes. Chaque élève devra en choisir un, et y coller des gommettes. Les résultats seront à nouveau comparés et échangés.

grande feuille (120 × 80), gommettes

exercice 3 : Proposer le même exercice mais avec des lignes qui se croisent.

➡ *Contrôler son désir de vouloir coller toutes les gommettes disponibles au détriment des consignes.*
Se repérer dans un espace à deux dimensions.
Différencier un chemin d'autres présentant des formes voisines.
Pouvoir suivre le chemin choisi.

Coller les gommettes sur *le chemin choisi. Apprendre à les coller de façon régulière.*
Se servir du regard comme guide.
Contrôler et affiner la motricité fine lors du collage.

3
Graphisme

Dans les exercices qui vont suivre, l'enfant aura à faire des points sur des tracés faits par lui ou le maître. Le but de ces travaux n'est pas l'entraînement à la réalisation de points, mais la recherche d'une meilleure maîtrise de la motricité fine dans des tracés présentant des changements de direction.

Situation 3 : Tracés sur plan vertical.

exercice 1 : À partir d'une gommette représentant la maison, faire tracer à la brosse un chemin. En attendant que la peinture sèche, demander aux enfants du groupe d'observer et de comparer leurs chemins et les positions des maisons. Puis leur faire placer des points représentant les cailloux, sur la ligne, avec leur index.

gommettes, gouache, brosses, peinture au doigt

exercice 2 : Proposer le même exercice en travail de groupe. Chaque enfant choisit une gommette de couleur différente de celles des autres. Il la colle où il veut puis trace un chemin de même couleur à la peinture. Observer les résultats, c'est-à-dire la forme des lignes, leur direction, et les rapports qu'elles entretiennent (croisements par exemple).
Une fois la peinture sèche, faire placer les points à la peinture au doigt en veillant à échanger les tracés, de façon à ce que les enfants ne fassent pas leurs points sur leurs propres chemins.

gommettes, gouache, brosses, peinture au doigt

exercice 3 : Donner à chaque enfant une feuille sur laquelle aura été tracée une ligne épaisse présentant des courbes, des boucles et des retournements.
Exemple :

Demander aux enfants de faire des points sur le chemin en partant de la gommette. Les points seront faits à la brosse ronde. Puis en utilisant une autre couleur, faire faire d'autres points à partir de la gommette, de chaque côté de la ligne et tout près de la ligne.

➡ *Faire des points au doigt ou à la brosse, donc pouvoir interrompre un tracé et le reprendre ailleurs.*
Par l'observation, s'imprégner de la forme et de la ou des directions prises par le tracé, et se créer des images mentales qui pourront être réinvesties.
Favoriser l'indépendance du regard par rapport à l'acte graphique en réduisant au maximum les contraintes graphiques par l'absence d'outil : l'attention de l'enfant se portant ainsi sur le parcours (sa forme, son sens, sa direction, ses retournements, ses croisements) et l'œil servant de guide au tracé en le précédant. Arriver au même résultat avec une brosse.
Donc mieux maîtriser les mouvements de rotation et de translation du bras.
Comprendre et respecter la consigne d'ordre spatial et les adverbes dessus, sur, sous, à côté, de chaque côté, intérieur, extérieur.
Savoir placer des points en suivant une ligne et hors de la ligne.

Situation 4 : Tracés sur plan horizontal.

exercice 1 : Sur une feuille où l'on aura collé deux gommettes de couleurs différentes, faire tracer au gros feutre deux chemins de couleurs claires, puis faire placer sur les lignes des points au gros feutre noir.

feuilles d'ordinateur, gros feutres

exercice 2 : Proposer le même exercice mais avec une feuille sur laquelle le maître aura lui-même tracé une ligne présentant des courbes et des boucles.

exercice 3 : Sur une ligne tracée par le maître, faire placer des petits traits en travers de la ligne et des petits points de chaque côté des traits.

gros feutres, feuilles (21 × 29,7)

➡ *Mêmes objectifs.*
Affinement du tracé par la réalisation de points sur un parcours plus petit.
Donc maîtrise des mouvements du poignet, du fléchissement du pouce lors du tracé des points ; du ralentissement du rythme du tracé des points ; du ralentissement du rythme du tracé des traits ; des changements de direction et des retournements de la ligne à suivre.

4
Évaluation

Exercice sur cahier de l'élève *(p. 11).*
Dans un premier temps, on fera tracer au doigt, le chemin, pour vérifier que l'enfant discrimine bien la surface où seront placés les points, des autres espaces représentés. Il sera fait de même pour les petits traits représentant l'herbe, à répartir sur l'espace restant.

➡ *Choisir le point de départ du tracé.*
Savoir orienter son tracé, le ralentir, l'interrompre, le reprendre, en utilisant son regard comme guide du tracé.
Respecter les limites du tracé donc s'orienter, se repérer dans l'espace aménagé.

gros feutres

CONTROLE	AIDE
On observera : Le graphisme • les points < ils sont ronds / ils ressemblent à des tirets →	Se reporter à la fiche « Lignes et points » exercices de soutien.
• les traits sont < droits / tordus / courts / trop longs	vérifier la bonne tenue et la pression des doigts sur le crayon. Proposer des jeux de doigts : pincements, prise, entre pouce et index, d'objets très petits pour favoriser et développer la maîtrise du fléchissement du pouce. Travailler au tableau où l'enfant pourra effacer ses tracés s'il le désire et recommencer pour se perfectionner.

CONTROLE	AIDE
L'espace :	
• le respect des limites	Si les points sortent du chemin, ou les tirets, de leur espace : proposer des exercices avec des chemins plus larges... Contrôler le graphisme (voir plus haut). S'il est satisfaisant, contrôler la rapidité du tracé. L'enfant travaille peut-être trop vite, et le regard qui précède le mouvement guide, mais ne contrôle plus. Dans ce cas faire recommencer l'exercice en demandant à l'enfant de faire plus attention. Vérifier que l'enfant repère bien les éléments du dessin. Dans le cas contraire, proposer des jeux de repérage, par exemple lui demander de faire rouler une voiture sur une feuille présentant une route. Au fur et à mesure du jeu, ajouter d'autres routes et des éléments décoratifs (maisons, arbres...).
• la répartition des points	– Ils forment des amas diversement répartis dans le chemin : l'objectif n'est pas atteint, l'enfant ne peut détacher le regard de l'acte graphique. refaire des exercices avec lui, point par point, en matérialisant par une marque, ou une gommette, les endroits où il pourra placer chaque caillou. Lui faire dire après chaque point, l'endroit où il placera le suivant. – Ils sont trop écartés. En faire rajouter d'autres entre 2 points.

POUR DÉCORER UN ANIMAL

Graphisme libre

Avertissement
Contrairement aux autres fiches celle-ci n'a pas pour objectif de faire découvrir ni d'entraîner les enfants à produire et reproduire un tracé particulier.

Objectifs

• Proposer des exercices de divertissement graphique où l'enfant pourra réinvestir les formes déjà étudiées mais où il pourra également s'essayer à des réalisations qui lui sont propres : qu'elles soient faites fortuitement ou qu'elles soient nées d'une expérience personnelle.
• Tenter d'amener les élèves à organiser leurs graphismes en fonction des différentes parties qui composent l'exercice.

1

Structuration de l'espace à représenter, par le jeu

Comptine pour introduire le jeu :

Tout le monde est devenu fou
dans le joli bois de Scoubidou !
J'ai vu une souris rayée,
danser avec un chat pelé.
Et une pie toute bouclée,
ramper avec un ver frisé.
Un lapin en robe fleurie,
jouer avec un loup ami.
Ils chantaient fort et haut,
au carnaval des animaux.

Situation 1 : En classe, jeu de remplissage
– 4 jetons jaunes pour la tête jaune
– 9 jetons rouges pour le corps rouge
– 5 jetons verts pour l'aile verte.
Les empreintes des jetons sont blanches.

MATÉRIEL

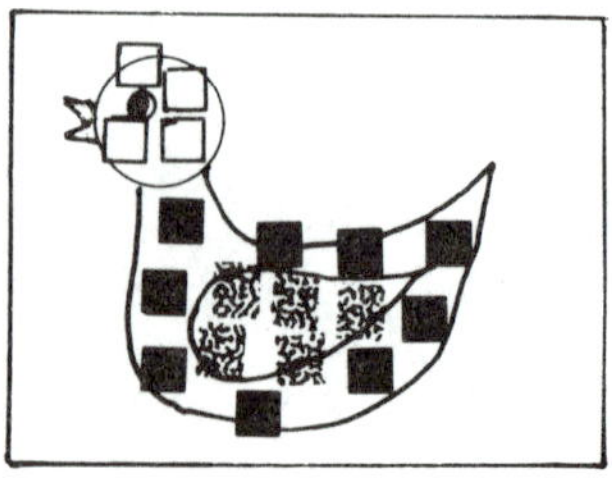

Règle du jeu : 2 à 4 joueurs.
Chaque joueur prend un oiseau. A tour de rôle, les enfants lancent les deux dés et prennent le nombre de jetons correspondant aux points et à la couleur des dés, et les posent sur la partie correspondante de l'oiseau. Le gagnant est celui qui, le premier, a complété sa plaque.

1 plaque de carton, représentant un oiseau (par exemple) par enfant, des jetons de couleur, 1 dé avec 3 couleurs : 2 faces jaunes, 2 faces rouges, 2 faces vertes ; 1 dé avec des constellations de 1 à 3, 2 faces avec 1 point, 2 faces avec 2 points, 2 faces avec 3 points

Avant le jeu : Observer les plaques et les décrire en nommant les différentes parties : tête, corps, aile, ainsi que les couleurs : jaune, rouge, vert.
Puis, faire des activités de remplissage sans utiliser les dés. On peut faire des remplissages libres, puis des jeux de loto avant d'introduire les dés.

➡ *Structuration de l'espace. Maîtrise d'un espace clos. Respect des limites.*
Tenir compte de deux critères : couleur et espace à remplir ; de trois critères : espace à remplir, couleur et nombre de 1 à 3.
Correspondance terme à terme (case/jeton).
Ensemble complémentaire (avec les dés).

2

Organisation de formes graphiques, dans l'espace, par le jeu

Situation 2 : En classe. Construction d'un jeu.
Proposer aux enfants d'inventer un jeu de l'oiseau en créant d'autres jetons de même forme et mêmes dimensions pour pouvoir réutiliser les plaques du jeu précédent.
On pourra varier les couleurs et faire apparaître, par la manipulation, la nécessité de ne choisir que trois couleurs différentes : une pour la tête, une pour le corps, une pour l'aile.

carrés de carton de mêmes dimensions que les empreintes du jeu

Lorsque la variété des jetons de couleur aura été épuisée, apparaîtra la possibilité de décorer les jetons par des signes.
On pourra alors faire référence au fichier et aux panneaux de graphisme construits lors des précédentes séances.

petits feutres

Là encore la manipulation des jetons décorés fera apparaître la nécessité de choisir trois signes différents : un pour la tête, un pour le corps, un pour l'aile.

Exemple : 

Le jeu pourra alors être proposé en modifiant les faces des couleurs.

➡ *Établir un projet.*
Face à un problème se poser des questions, émettre des hypothèses.
Mêmes objectifs pour le jeu que dans la situation 1.
Motricité fine. Reproduire en petit les signes connus.

3

Graphisme décoratif et structuration de l'espace

Situation 3

exercice 1 : Demander aux enfants de décorer comme ils veulent l'oiseau représenté sur la feuille. Observer et comparer les résultats : on fera la liste des signes décoratifs utilisés et on reproduira les formes nouvelles pour compléter le fichier de graphisme.
On analysera l'organisation des signes pour faire apparaître que lorsque des signes différents sont mélangés dans un même espace, ou que des signes identiques apparaissent dans tout l'espace à couvrir, alors on ne distingue plus la tête, du corps, de l'aile.

1 feuille d'ordinateur sur laquelle on aura reproduit l'oiseau du jeu, par enfant, gros feutres

exercice 2 : Le puzzle de l'oiseau
Former des groupes de trois enfants. Donner à chacun des groupes un oiseau. Chaque groupe observera l'oiseau. Puis celui-ci sera découpé par le maître, qui donnera à chaque enfant d'un même groupe, un morceau de l'oiseau. Il dira à chacun : « Choisis une décoration qui ne soit pas la même que celle de tes deux camarades. Dessine-la plusieurs fois pour remplir la tête (ou le corps, ou l'aile). Le travail terminé, les enfants reconstituent par collage leur oiseau.
On fera comparer les oiseaux ainsi terminés. On analysera les réalisations : le respect des consignes et les différentes formes graphiques utilisées.

1 oiseau découpé en 3 parties : la tête, le corps, l'aile par groupe de 3 enfants, gros feutres

exercice 3 : Faire peindre à l'encre un animal composé de quatre parties en utilisant une couleur pour chacune des parties représentées.
Faire décorer chaque partie au gros feutre noir.
Faire observer les résultats : l'organisation des signes, leur forme.

1 feuille (35 × 40) par enfant, encres de couleur, brosses rondes, gros feutres noirs

➡ *Réinvestir les situations précédentes dans le graphisme, c'est-à-dire organiser le graphisme à l'intérieur des espaces à décorer et reproduire des signes personnels ou connus de la classe.*
Développer la motricité fine : par la reproduction d'un même signe, affiner le tracé.
Accepter de le reproduire régulièrement sans le déformer par lassitude.
Prévoir des tracés, donc anticiper les tracés et les gestes correspondants.
Former un projet de graphisme à trois et le respecter.
Émettre des hypothèses sur la reconstitution d'un personnage, qui sont fonction des formes à assembler et du souvenir de la forme globale qu'avait le personnage avant le graphisme.
Déterminer les différentes parties qui composent un personnage nouveau.
En respecter les limites d'abord par le coloriage puis par le graphisme.
Être capable de choisir quatre signes différents et de les reproduire sans les modifier dans l'espace correspondant à chacun d'eux.

4

Évaluation

Exercice sur cahier de l'élève *(p. 12).*

1 feutre de couleur foncée

Comme dans l'exercice précédent, l'enfant doit trouver quatre signes différents à représenter plusieurs fois dans les quatre parties du corps du lapin.
On proposera ce travail en atelier dirigé. On demandera à chacun de choisir une partie du corps du lapin, de la montrer, d'en indiquer la couleur, puis de la décorer en utilisant une seule décoration.
On fera choisir une autre partie du corps et on procèdera de même en faisant reproduire un signe différent du premier et ainsi de suite.
On aura recours au fichier ou aux panneaux réalisés lors des précédentes séances lorsque les élèves seront à cours d'idées.
Les réalisations seront présentées aux enfants qui ne participaient pas à l'atelier.

➡ *Mêmes objectifs à atteindre dans un espace plus petit. Utiliser donc le savoir et l'expérience des exercices précédents et les adapter à la nouvelle situation.*

CONTROLE	AIDE
On observera : **Le graphisme** : • les signes choisis : font-ils partie du patrimoine de la classe, ou du patrimoine personnel ? (ronds, boucles, ponts...) ; • leur reproduction est-elle régulière ou se transforme-t-elle ? **L'espace :** Les limites sont-elles respectées ? Les signes sont-ils répartis de façon équilibrée à l'intérieur de chaque région ou forment-ils des amas à certains endroits et sont inexistants à d'autres ?	Nous ne donnons pas d'exercices de soutien car les fiches qui vont suivre apporteront des éléments de réponses aux enfants qui manquent un peu de créativité graphique et de maîtrise des outils du graphisme. D'autres situations leur permettront également de mieux structurer les espaces qu'ils rencontreront.

LES RONDS – Rotations

Objectifs

• Entraînement à la formation de ronds dans le sens de rotation dominant de l'enfant.

1
Perception

Comptine pour introduire le jeu :

Damien a bien du chagrin.
Ses jouets ne sont plus dans le jardin.
– Qui a pris mon ballon ?
C'est le hérisson.
– Qui a pris mon cerceau ?
C'est le souriceau.
– Qui a pris ma balle ?
C'est la cigale.
Damien n'a plus de chagrin.
Il a des copains dans son jardin.

Situation 1 : Dans la salle de jeu.
Proposer une série d'activités avec les jouets (pris séparément) de la comptine. On pourra par exemple rechercher tout ce qu'a pu faire le hérisson avec son ballon. Puis après une phase d'exploitation des réponses d'enfants, on pourra faire de même avec des balles, puis des cerceaux. Après chaque recherche, l'analyse des réponses permettra d'employer des verbes d'action (lancer, attraper, rouler, rebondir, pousser...) des locutions de temps et de lieu (avant, en même temps, après, pendant, en haut, en bas, sur...), les noms des différentes parties du corps (main, pied, tête...), mais aussi des adjectifs décrivant les objets (petit, gros, rond, lourd, léger...).

MATÉRIEL

1re série de jeux :
1 ballon par enfant

2e série de jeux :
1 balle par enfant

3e série de jeux :
1 cerceau par enfant

Des séances où l'on essaiera de reproduire des actions sur d'autres objets (par exemple reproduire les jeux de balles avec des cerceaux) enrichiront et affineront la perception des propriétés propres à chaque objet. Ensuite on pourra introduire d'autres éléments de forme ronde tels des palets, des anneaux, des balles lestées, des ballons de baudruche, etc.

anneaux, palets, ballons et balles de toutes sortes

➡ *Développer l'adresse, la coordination et la précision des mouvements.*
Favoriser le développement des facultés d'adaptation.
Coordonner les sensations visuelles, tactiles.
Faire appel à l'imagination, la mémoire.
Reproduire des gestes fortuits pour mieux les intégrer et les affiner.
Provoquer l'anticipation des actions.
Par la diversité des situations et les adaptations qui en découlent, enrichir : le patrimoine des gestes et mouvements maîtrisés, ainsi que la connaissance des objets manipulés et des propriétés communes et propres à chacun d'eux.

Situation 2 : En classe.
Faire rechercher dans la boîte à trésor de la classe tous les objets qui ressemblent à ceux avec lesquels ils auront joué.
Obtenir ainsi un classement d'objets de forme ronde et d'objets d'autres formes.
Les choix seront justifiés pour chaque objet présenté.

1 boîte en carton avec des boules de cotillons, des billes, des anneaux de rideaux, des disques, des cubes, des boîtes, des Lego...

➡ *Réinvestissement des notions et propriétés dégagées à des objets plus petits.*

2
Représentation

Situation 1 : Modelage.
Faire modeler des formes rondes pour fabriquer des objets qui ressemblent à ceux que les enfants auront manipulés. Chaque élève pourra décrire ses modelages et expliquera son procédé lorsque la forme ronde obtenue sera originale.

pâte à modeler

➡ *Mettre en action les articulations des bras : épaule et coude pour les gestes de percussion (aplatir), épaule, coude, poignets pour rouler (colombin) ; articulation des doigts (triturage, trou). Reproduction allant vers une schématisation des objets de forme ronde.*
Aider ainsi à comprendre l'abstraction des représentations futures.

Situation 2 : Activités de collage.
Les éléments classés dans l'ensemble des objets de forme ronde pourront être collés sur des plaques de carton, en exercice de groupe. Les tableaux obtenus seront comparés : on nommera les éléments du collage, on observera les organisations spatiales.

➡ *Créer des images mentales qui pourront être réinvesties dans le graphisme.*
Structurer l'espace pour y coller tous les objets souhaités.
Coordination motrice des 2 mains.

voir *Perception* situation 2

Situation 3 : Prise d'empreintes à la peinture.
En trempant un bouchon dans la gouache épaisse, on obtiendra de nombreuses empreintes de forme ronde.
La technique du pochoir sera une première occasion de faire le mouvement de rotation qui sera reproduit en graphisme. En effet, en tapotant une brosse ronde ou une éponge imbibée de peinture sur la circonférence d'un disque de carton posé sur une feuille, on réalisera un mouvement discontinu mais circulaire faisant intervenir les articulations de l'épaule du coude et du poignet.

➡ *Passage au plan, donc à la représentation en deux dimensions.*
Développer la connaissance et la mémoire des formes pour pouvoir les reproduire.
Réaliser en tapotant sur le gabarit un mouvement circulaire dans le sens dominant de l'enfant.

bouchons de liège, gouache, feuilles d'ordinateur

brosses rondes ou éponges, gouache

3
Graphisme

Situation 1 : Sur plan vertical.
Proposer des exercices d'entraînement au tableau. Par petits groupes, demander aux enfants de dessiner des ballons. On pourra tenir la main des enfants qui ne peuvent tracer des ronds, soit parce qu'ils ne voient pas quel mouvement peut entraîner le tracé, soit parce qu'ils ne comprennent pas la consigne. On observera les résultats de façon à faire une autoévaluation. Ainsi on attirera l'attention des enfants sur les défauts des tracés (rond : ouvert, ovoïde, bouclé...) et on favorisera une correction et une adaptation de la motricité lors des futures réalisations.

craies, chiffons

➡ *Entraînement à la formation de ronds dans le sens dominant de chacun :*
– découvrir et reproduire le geste ;
– le maîtriser par la multiplication des tracés.
Verbaliser les constats pour une meilleure prise de conscience des défauts de réalisation et une plus grande attention dans les futurs tracés.

Le geste étant compris, on pourra l'affiner par des exercices :

exercice 1 : Peindre des disques pré-découpés.

➡ *Mieux appréhender la forme ronde.*

gouache, disques de 25 cm, 15 cm et 10 cm de diamètre

exercice 2 : Peindre des disques dessinés par l'adulte sans dépasser les limites de leurs circonférences.

➡ *Respecter les limites et favoriser une meilleure connaissance de la rotondité.*

exercice 3 : Peindre le plus de ronds possible sur la feuille et compléter les espaces restants par des points.

➡ *Affinement progressif du tracé par un meilleur contrôle du geste.*

feuilles (34 × 49,9)

exercice 4 : Coller des boules de papier froissé et tracer un rond à la peinture autour de chaque boule.

➡ *Début d'organisation spatiale et donc émancipation du regard qui guide le geste.*

papier crépon, gouache, pinceaux

Situation 2 : Sur plan horizontal.

exercice 1 : Dessiner des gros et petits ronds qui ne se touchent pas.

feuilles d'ordinateur, gros feutres

exercice 2 : Tracer un rond autour de chacune des gommettes collées par l'enfant.

idem + gommettes

exercice 3 : Décorer une forme représentée ou découpée à l'aide de ronds et de points.

1 forme par enfant (poisson par exemple)

➡ *Favoriser la maîtrise des articulations du coude du poignet et des pouce et index dans les mouvements de rotation.*
Maîtriser ainsi dans le sens dominant de rotation le ralentissement et l'arrêt du tracé.
Arriver ainsi à des tracés de formes rondes, fermés.

4
Evaluation

Exercice sur cahier de l'élève *(p. 13)*.
Il s'agit, comme dans les exercices précédents, de tracer des ronds dans l'espace aménagé sans dépasser les limites du cadre de la feuille.

➡ *Apprécier les distances des espaces à remplir et commencer à adapter les diamètres de tracé en conséquence.*

gros feutres

CONTROLE	AIDE
On observera : • Les ronds – leur forme – la façon dont ils se ferment – leurs dimensions • L'organisation spatiale des ronds tracés et le respect des limites	S'agissant de premières séances sur le rond, on ne peut s'attendre à des graphismes de formes bien rondes. On proposera cependant des exercices d'entraînement supplémentaires à ceux qui interrompent trop tôt leur tracé formant ainsi des ronds ouverts. De même ceux qui ont du mal à réduire leur tracé ou qui dépassent trop les limites de la feuille, pourront s'entraîner sur des formats de plus en plus petits mais très progressivement. Les jeux de doigt proposés dans les fiches précédentes pourront également être poursuivis.

LES RONDS GIGOGNES

Rotations

Objectifs

• Améliorer la forme ronde des tracés en proposant des exercices d'entraînement et en permettant à l'enfant de guider son tracé par des lignes inductrices.

1
Perception

MATÉRIEL

Comptine pour introduire les activités :

Pour ranger ma maison,
je chante cette chanson :
un petit bol, dans un grand bol,
un petit pot dans un grand pot,
un petit plat dans un grand plat.
Et voilà !
Tu peux en faire autant,
tu feras plaisir à ta maman !

Situation 1 : En classe.
Au moment du rangement des coins jeux, on amènera les enfants à faire des activités d'emboîtement : les petites casseroles (ou plats) du coin dînette dans les plus grandes, les petits cubes du coin jeux de construction dans les plus grands etc.

Matériel : tous les objets pouvant s'emboîter

➡ *Structurer l'espace en manipulant des boîtes fermées et ouvertes, en les encastrant.*
Comparer donc des volumes différents et découvrir les rapports qu'ils peuvent avoir en fonction de leurs formes et de leurs dimensions.

Situation 2 : Dans la salle de jeux.

exercice 1 : Jeu de ronde
Les enfants forment une ronde et chantent une chanson. Un enfant se trouve au milieu. A la fin de la

chanson, cet enfant désigne un camarade qui vient à son tour au milieu. Ils forment une ronde à deux à l'intérieur de la grande. Les enfants chantent à nouveau. À la fin du chant les deux enfants choisissent chacun un camarade dans la ronde. Le jeu se poursuit ainsi. Lorsque les enfants qui sont à l'extérieur ne peuvent plus tourner sans se lâcher les mains, on arrête le jeu pour analyser la situation et chercher une solution pour le poursuivre : intervertir les rondes ou modifier la règle en éliminant des joueurs se trouvant au centre...

➡ *Approche de la notion d'addition et de soustraction.*
Comprendre la relation existant entre le nombre d'enfants et la taille des rondes.
Créer une image mentale de la situation qui pourra être réinvestie dans le deuxième exercice et dans les situations de représentation.

exercice 2 : Avec des cerceaux et des anneaux. Observer les objets mis à disposition. Chaque enfant en prend deux et cherche une façon de les ranger comme dans la chanson.
On pourra analyser les résultats et introduire un autre objet (plus grand cerceau, ou anneau de rideau) que l'on fera comparer aux autres. Recommencer l'activité en emboîtant trois objets de même forme mais de tailles différentes.

cerceaux, anneaux

➡ *Réinvestir la situation précédente avec des objets de formes rondes.*
Savoir les comparer et prévoir lequel sera dans l'autre.
Vérifier par la manipulation.

2
Représentation

Situation 3 : Collage.

exercice 1 : Donner à chaque enfant deux disques de diamètres différents. Les faire comparer et coller l'un sur l'autre. Observer les résultats.

deux disques par enfant, 20 cm et 10 cm de diamètre

exercice 2 : Proposer à présent trois disques de couleurs et de diamètres différents. Les faire comparer et coller de façon à faire apparaître les 3 couleurs.

3 disques 20, 15 et 10 cm de diamètre

➡ *Mêmes objectifs à partir de disques donc de formes rondes pleines.*
Comprendre qu'ils sont bien ordonnés lorsqu'on en voit 3 l'un sur l'autre.

exercice 3 : Donner à chaque enfant 3 bandes de papier de couleurs et de longueurs différentes. Coller les deux extrémités de chaque bandelette de façon à obtenir trois anneaux de diamètres différents. Les coller ensuite l'un dans l'autre. A ce collage pourront être ajoutés d'autres éléments qui, assemblés, formeront des mobiles ou des hiboux.

par enfant, 3 bandes de
3 × 20 cm
3 × 15 cm
3 × 10 cm

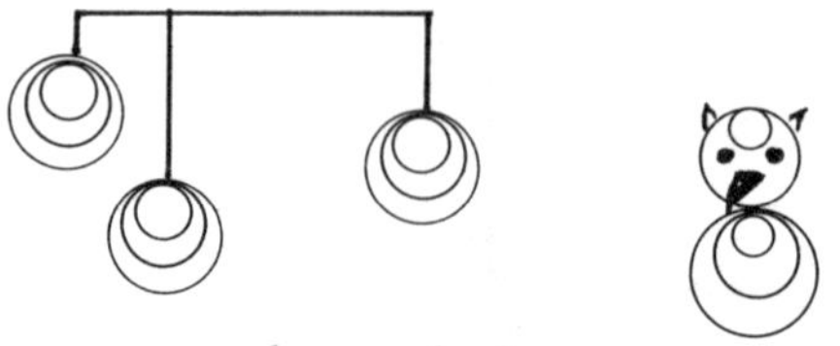

➡ *Comparer et ordonner des longueurs.*
Comparer et ordonner des cercles.
Comprendre que la plus petite bande forme le plus petit cercle etc.
Structurer les espaces en déterminant et reconnaissant les points d'assemblage.
Coordination motrice des deux mains.

3
Graphisme

Situation 4 : Sur plan vertical

exercice 1 : À la peinture au doigt, faire tracer un rond en suivant le tour d'un disque découpé. Puis faire décorer librement la surface intérieure.

peinture au doigt, disque de 30 cm de diamètre, par enfant

➡ *Reconnaître et suivre le bord d'une feuille de forme ronde.*
Différencier les espaces intérieurs et extérieurs du tracé.

exercice 2 : À l'aide d'une brosse ronde, faire tracer des ronds de couleurs différentes et de plus en plus petits à l'intérieur d'un disque prédécoupé et en commençant comme précédemment par le bord de la forme ronde.

brosses rondes, gouache de plusieurs couleurs, disques de 30 cm de diamètre

➡ *S'entraîner à faire des ronds de plus en plus petits.*
Se servir de la forme de la feuille et des ronds précédents pour guider le tracé.

exercice 3 : Faire coller une gommette au centre d'une feuille et faire tracer à la brosse des ronds de plus en plus grands et de couleurs différentes autour de la gommette.

gommettes, feuilles d'ordinateur

➡ *Idem, en faisant des ronds de plus en plus grands.*
Adapter les mouvements et le contrôle des articulations aux dimensions du tracé.

Situation 5 : sur plan horizontal

Reprendre les exercices 2 et 3 de la précédente situation, sur table et avec de gros feutres.
Des décorations libres entre les cercles obtenus personnaliseront les réalisations et permettront aux enfants de réinvestir les graphismes déjà étudiés tout en s'essayant à d'autres signes – plus personnels.

➡ *Affiner le tracé par un meilleur contrôle du geste, permettre l'indépendance du regard servant ainsi de guide. Par la reconnaissance de situations vécues, adapter rapidement le mouvement orientant le tracé. Adapter ses graphismes au milieu et développer ainsi la créativité et la motricité fine.*

feutres, disques de 15 cm de diamètre, feuilles d'ordinateur, gommettes

4

Évaluation

Exercice sur cahier de l'élève *(p. 14)*.

Faire observer l'exercice et demander aux élèves quelle pourrait être la consigne.
Comparer ensuite leurs propositions avec la lecture de la consigne et procéder aux tracés.
Avant de faire décorer les cercles obtenus, on pourra faire un inventaire de décorations possibles en faisant référence au fichier de graphisme.

➡ *Respecter la forme ronde des tracés en se servant d'une ligne guide.*
Pouvoir faire un rond plus grand, un rond plus petit. Adapter donc le geste en fonction d'une dimension prévue.
Enrichir son patrimoine graphisme en adaptant ses tracés à la nouvelle situation.

gros feutres

CONTROLE	AIDE
On observera :	
• la forme des tracés en comparant : – les ronds avec ceux de la fiche précédente – les grands et les petits ronds	– Si il n'y a pas d'amélioration il serait bon de proposer des exercices d'entraînement sans ligne guide. Pour cela se reporter à la fiche précédente. Ensuite on pourra faire peindre des anneaux de bois dans un mouvement circulaire et continu avant de reprendre les exercices de cette fiche. – Si la forme des grands ronds n'est pas satisfaisante on proposera des tracés sur plan vertical, si c'est celle des petits ronds on travaillera sur table et on proposera des jeux de doigt, d'enfilage.
• le respect des limites	Le non respect par chevauchement des cercles peut être consécutif à : – un manque de maîtrise du mouvement. Il faut donc proposer des exercices d'entraînement. Puis, lorsque le mouvement sera bien maîtrisé, on pourra proposer des cercles-guides car l'œil pourra se détacher du tracé pour le diriger. – une mauvaise appréciation des distances et une mauvaise organisation spatiale. Des exercices de pavage par collage pourront aider l'enfant à mieux structurer les espaces à compléter. Des exercices de remplissage graphique amélioreront ensuite la connaissance des espaces à aménager et des rapports des éléments entre eux. On reprendra enfin les exercices de représentation et de graphisme du même type que ceux proposés dans cette fiche.

RONDS SUR UN PARCOURS ORIENTÉ

Rotations

Objectifs

• Savoir produire des ronds de petites dimensions et maîtriser suffisamment le mouvement pour pouvoir au moyen du regard respecter et anticiper les changements de direction de la ligne guide.

1
Perception

MATÉRIEL

Comptine pour introduire le jeu :

Taupi, Taupinou
fait des trous partout,
Taupi, Taupinoi
dans le petit bois
Taupi, Taupinan
ne tombe pas dedans.

Situation 1 : Dans la salle de jeu.
Poser au sol des anneaux qui matérialisent les trous creusés par Taupinou et demander aux enfants de parcourir l'espace en ne tombant pas dans les trous, c'est-à-dire en ne posant pas le pied à l'intérieur des anneaux.

Matériel : anneaux ou cerceaux de petits diamètres

Rassembler les enfants et leur faire énumérer toutes les façons de parcourir l'espace aménagé. Les réponses pourront être reproduites par l'ensemble des élèves.

➡ *Se situer dans l'espace aménagé par rapport : aux autres ; aux cerceaux.*
Organiser ses déplacements et pouvoir les décrire en utilisant des verbes d'action (sauter, courir...) et des locutions d'ordre spatial (entre, par-dessus...).

Aligner ensuite les anneaux, en les espaçant et demander aux enfants de se déplacer sur le parcours ainsi

aménagé en évitant de poser les pieds dans les anneaux en partant tous du même endroit.
Regrouper les enfants pour faire une synthèse des réponses suivie d'une phase d'imitation.

➡ *Réinvestir les réponses précédentes dans un parcours orienté, en trouver les points de départ et d'arrivée. Se servir du regard pour anticiper le mouvement.*

• Tracer à la craie un chemin avec des courbes et demander aux enfants de placer les anneaux sur la ligne. Comme précédemment, leur faire traverser le chemin en indiquant le point de départ et d'arrivée.

➡ *Mêmes objectifs. Créer des images qui pourront être réinvesties dans le graphisme.*

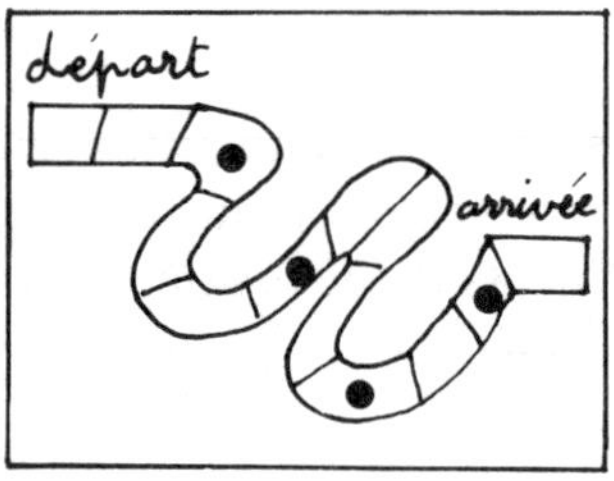

Situation 2 : En classe. Jeu mathématique.
Sur une feuille de carton, tracer un chemin divisé en cases. Percer un trou de forme ronde dans certaines cases.

1 plaque jeu, 1 dé avec des constellations de 1 à 3, 1 pion par joueur

Règle du jeu : Chaque joueur lance le dé à tour de rôle et fait avancer son pion du nombre de cases indiqué par le dé. Lorsque le pion tombe dans une case trou, le joueur retourne à la case départ. Le premier arrivé a gagné.

➡ *Jouer chacun son tour.*
Déplacer un pion sur un chemin orienté.
Associer le nombre de points au nombre de cases parcourues par le pion.
Accepter la frustration du retour à la case départ.

2
Représentation

Situation 3 : En classe.
Fabrication du jeu par les enfants.

1 feuille (34 × 40) par enfant, une brosse plate, gouache, gommettes, allumettes, poinçons ou ciseaux, colle

Proposer aux élèves de construire chacun un jeu qu'ils pourront emporter à la maison. Pour cela, leur faire tracer sur une feuille à l'aide d'un gros pinceau plat, un chemin. Par collage de bâtonnets d'allumettes leur faire délimiter les cases. Puis, à l'aide d'un poinçon, leur faire trouer quelques cases du jeu et leur demander de tracer un rond autour de chaque trou.
Faire coller un symbole indiquant le point de départ et un autre le point d'arrivée. On pourra utiliser à cet effet des gommettes de couleurs différentes et

dont la forme ne sera pas ronde ou des tampons encreurs figurant un arbre, une maison etc.

➡ *Motricité fine : adapter le geste en fonction de l'activité : tracer, coller, percer.*
Structuration de l'espace : équilibrer les éléments aménageant la feuille :
– orienter le chemin
– orienter les bâtonnets et les espacer
– centrer les trous dans les cases formées.

3
Graphisme

Situation 4 : À la peinture sur plan vertical.

exercice 1 : Comme précédemment faire peindre un chemin puis faire coller sur ce chemin des gommettes. Demander ensuite aux enfants de dessiner à la peinture au doigt un rond autour de chaque gommette.

peinture au doigt, gouache, brosse plate, gommettes

➡ *Comme dans la fiche précédente guider la forme ronde du tracé en se servant de la gommette comme guide et respecter parallèlement et intuitivement l'orientation et la forme de la ligne, sur laquelle se trouvent les gommettes.*

exercice 2 : Donner à chaque enfant une feuille sur laquelle on aura tracé une ligne de forme sinusoïdale. Leur faire coller un symbole pour indiquer le début du tracé et un autre pour en indiquer la fin. Puis leur faire dessiner au pinceau des ronds sur la ligne en respectant le sens du tracé.

feuille double d'ordinateur avec ligne

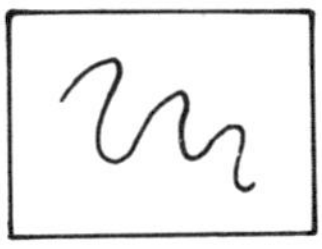

brosse ronde, gouache

➡ *Tracer des ronds* sur *la ligne donc suivre la ligne, en respecter les variations, en tenant compte des informations reçues par le regard.*

Situation 5 : Graphisme sur plan horizontal.

exercice 1 : Faire tracer au gros feutre un chemin. Demander aux enfants du groupe d'échanger leur feuille et de tracer des ronds sur le chemin en partant d'une des extrémités du trait.

1 feuille d'ordinateur, gros feutres, par enfant

exercice 2 : Faire tracer deux chemins de couleurs différentes et demander aux enfants de dessiner des ronds sur les deux chemins.

idem

➡ *Affiner le tracé par l'entraînement. Par une meilleure maîtrise motrice, rendre possible l'indépendance du regard par rapport au mouvement et respecter ainsi une ligne non produite de l'enfant. Tracer des ronds sur deux lignes voisines mais différentes.*

exercice 3 : Donner à chacun une feuille sur laquelle auront été tracés trois chemins partant d'un même point. Demander aux enfants de choisir un chemin et de tracer des ronds dessus. Faire coller le symbole représentant le point d'arrivée.

idem

➡ *Mêmes objectifs mais en choisissant une ligne à suivre et la respecter durant le tracé, en déduire le point d'arrivée.*

4
Évaluation

Exercice sur cahier de l'élève *(p. 15).*
Contrairement à l'exercice précédent l'enfant choisira d'abord le point d'arrivée du tracé et en déduira le chemin sur lequel il fera ses ronds. Il serait bon, avant, de lui faire suivre le chemin avec son doigt pour faciliter le graphisme par une meilleure connaissance de l'espace à parcourir.

petits feutres

➡ *Anticiper sur le tracé : prévoir l'arrivée puis observer la forme du chemin à respecter.*
Faire des ronds sur le chemin en respectant l'ordre des tracés, c'est-à-dire en commençant par le point de départ et en s'arrêtant à la maison.

CONTROLE	AIDE
On observera :	
• la forme des ronds, la taille et la régularité du tracé. Il serait souhaitable de comparer le graphisme obtenu avec ceux des deux fiches précédentes.	S'il n'y a pas de progrès, on demandera à l'enfant de dessiner des ronds « comme il veut » sur une feuille blanche : – Si les ronds sont d'un graphisme satisfaisant, c'est que l'enfant aura été gêné par les lignes sur lesquelles s'appuient les tracés. On aura alors brûlé les étapes. Il serait bon dans ce cas de patienter quelque temps avant de reprendre les exercices de cette fiche, très progressivement, et en analysant les réactions de l'enfant à chacune des étapes graphiques. – Si les ronds ne sont pas d'un graphisme satisfaisant, c'est que l'enfant n'a pas une maîtrise motrice suffisante. Multiplier alors, en tenant la main de l'enfant, puis en graphisme libre, les occasions de produire des ronds, avant de revenir à cette fiche.
• le respect du tracé sur la ligne	Si tel n'est pas le cas, vérifier la bonne compréhension de la préposition SUR et proposer le cas échéant des jeux de positionnement. Si le graphisme est satisfaisant, proposer d'autres tracés sur des lignes droites verticales et horizontales en faisant commencer les ronds sur la ligne. Puis donner ensuite des lignes présentant des courbes larges, avant de proposer des lignes brisées ou sinusoïdales.
• la répartition des ronds sur la ligne : leur nombre, l'écart entre deux ronds. Cette observation permettra de tester la maturité d'ordre graphique et spatial des enfants.	

LIGNES ET RONDS DANS UN ESPACE LIMITÉ

Tracés continus et rotations

Objectifs

• Être capable de tracer le plus régulièrement possible des petits ronds, des lignes droites et des lignes qui ne se touchent pas dans un espace limité.

1

Perception

Structuration de l'espace

MATÉRIEL

Comptine pour introduire le jeu :

Les lutins malins
ont des sacs pleins
de pommes de pin.
Ils en ont un,
ils en ont deux,
ils en ont trois.
Mais ce n'est pas pour toi !

Situation 1 : Dans la salle de jeu.

Jeu de remplissage

Les enfants, répartis en 4 à 5 équipes et placés à un bout de la salle, doivent remplir le plus rapidement possible un sac se trouvant à l'autre extrémité de la pièce avec des balles se trouvant près d'eux.

autant de sacs poubelles que d'équipes, une quinzaine de balles par équipe

➡ *Structuration de l'espace : aller vers. Se repérer par rapport aux autres et au but à atteindre.*
Comprendre et utiliser les expressions : à l'intérieur, à l'extérieur, dans, sur, dehors, dedans.
Socialisation : Faire à plusieurs. Réussir à atteindre un but les premiers. Essayer d'avoir une stratégie...

Situation 2 : En classe.

Jeu de remplissage de sacs. Se joue à 3.
Donner à chaque joueur 1 sac de carton et quinze jetons. À tour de rôle, chacun doit lancer son dé et prendre autant de jetons qu'il y a de points sur le dé. Les jetons gagnés sont mis dans le sac. Le joueur qui, le premier, a rempli son sac avec ses 15 jetons a gagné.

1 sac par joueur découpé dans du carton, 1 dé avec 2 faces de 1 point, 2 de 3 points
15 jetons de carton avec des ronds

15 jetons de carton avec des lignes

15 jetons de carton avec des pointes

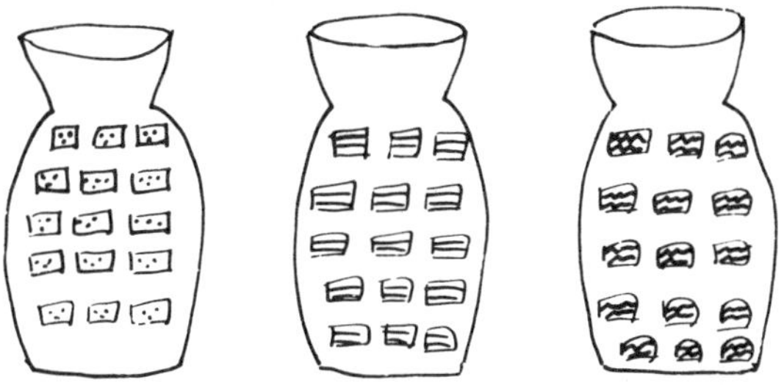

➡ *Numération : Comptage de 1 à 3. Correspondance terme à terme, autant que, plus que, moins que.*
Structuration de l'espace : Par la manipulation des jetons, organiser le mieux possible les jetons pour en paver le sac.
Logique : Symbolisation, abstraction de la situation 1.

2

Représentation

Motricité fine et pavage du plan

Situation 3 : En classe.

Remplissage par collage
Donner à chaque enfant une feuille découpée en forme de sac et leur demander d'y coller le plus de gommettes possible, sans qu'elles « se touchent ». Observer les résultats et amener les enfants à conclure que plus les ronds sont près les uns des autres, plus il y en a.

sac de papier de 15 cm de hauteur et 10 cm dans la plus grande largeur, gommettes de 2 cm de diamètre

➡ *Pavage du plan : Réinvestir les notions de la situation 2 pour mieux organiser l'espace et les adapter à la forme ronde des jetons.*
Créer des images mentales qui pourront être réutilisées dans le graphisme.

Leur donner à présent une autre feuille découpée en forme de sac et leur demander d'y coller le plus de ronds possible, choisis dans deux pots différents : 1 pot de petits ronds verts, 1 pot de ronds plus grands

mêmes dimensions de sac, disques de 2 cm de diamètre, verts, disques de 5 cm de diamètre, rouges

et rouges, en précisant qu'il ne peut y avoir qu'une seule couleur de ronds par sac.
Faire observer les résultats et en déduire que plus les ronds sont petits, plus il y en a.

➡ *Contrôler les acquis précédents et la façon dont l'enfant analyse le problème et émet des hypothèses pour le résoudre.*
Motricité fine : affinement des mouvements des pouce et index dans les gestes de préhension et de collage.

Proposer la même activité de remplissage par collage de bâtonnets d'allumettes et arriver à la conclusion que pour en avoir beaucoup dans le sac, il est nécessaire de les coller dans le même sens et de les serrer.

mêmes dimensions pour le sac, allumettes étêtées

➡ *Emboîter, intercaler, aligner.*
Mesure : comparer des longueurs, adapter l'organisation des allumettes aux dimensions de la surface à remplir.

3
Graphisme

Et pavage du plan

Situation 2 : En classe sur table.

Proposer dans un premier temps des exercices sur des feuilles d'ordinateur où les enfants pourront s'entraîner à faire des petits ronds serrés pour qu'il y en ait le plus possible, mais aussi des lignes verticales, horizontales et brisées. Ils s'entraîneront ainsi sans contrainte d'espace restreint à adapter et affiner leur motricité.

feuilles d'ordinateur, gros feutres

➡ *Affiner le graphisme par l'entraînement. Contrôler les dimensions, l'arrêt, le retournement des tracés par une meilleure maîtrise du fléchissement du pouce. Réinvestir les notions mathématiques relevées précédemment.*

Donner ensuite à chacun une feuille découpée en forme de sac et leur demander de dessiner le plus de jetons possible.
Lors de deux autres séances, leur demander de tracer sur des feuilles également découpées des lignes droites puis des lignes brisées, continues.
Dans chacun de ces deux cas, faire observer et verbaliser les résultats.

mêmes dimensions pour les sacs, gros feutres

➡ *Le mouvement étant contrôlé, le reproduire en le réduisant, et en l'organisant dans un espace limité à la feuille.*

4
Évaluation

Exercice sur cahier de l'élève *(p. 16).*

petits feutres

Ce travail, comme les précédents, pourra être réalisé en trois séances, une par sac à décorer. Avant chaque graphisme, on fera rappeler la consigne et chaque enfant dira ce qu'il fera en mentionnant la forme et la couleur du tracé.

➡ *Mêmes objectifs en respectant les limites tracées même si le graphisme sur les lignes frontières est matériellement possible.*
Symbolisation : Respecter les consignes de graphisme codées.

CONTROLE	AIDE
On évaluera :	
• la qualité du graphisme, sa régularité	S'il n'est pas satisfaisant, proposer des exercices sur plus grand format puis réduire la dimension des supports si les résultats sont meilleurs.
• l'organisation spatiale	– les lignes se touchent : introduire des lignes guides à ne pas dépasser. – les ronds se touchent : faire tracer un petit rond puis démarrer le suivant en plaçant un petit point indiquant le début du tracé. Travailler au crayon de papier pour que l'enfant puisse gommer et sentir ainsi qu'il a droit à l'erreur. – les limites ne sont pas respectées : contrôler la bonne compréhension des consignes et recommencer sur des formats plus grands.

LES ESCARGOTS

Tracés continus et rotations

Objectifs

• Tracer une ligne s'enroulant dans le sens de rotation dominant de chacun.
• Varier le nombre de tours et leur rayon, en fonction de la dimension à donner aux graphismes.

1
Perception

Comptine pour introduire le jeu :
Après chaque « vers » taper trois fois dans les mains sauf au dernier où l'on tapera 4 fois puis deux fois :

Qu'il est beau	tap tap tap
l'escargot !	tap tap tap
Sa coquille	tap tap tap
toujours brille	tap tap tap
sous la pluie.	tap tap tap
C'est si joli ! oh oui !	tap tap tap tap... tap tap

➡ *Respecter et mémoriser des rythmes et ainsi préparer aux activités futures de numération et de lecture écriture : répétition des chiffres de 0 à 9, rythme des lettres. Exemple : m a m a n .*

Situation 1 : Dans la salle de jeu.
Les enfants formant une ou plusieurs farandoles, leur demander de rechercher toutes les façons de se déplacer ainsi, en récitant la comptine et en tapant des pieds.
Demander ensuite à chaque groupe d'expliquer ce qu'il a fait, donc de décrire les mouvements, les déplacements et leurs orientations.

➡ *Mieux structurer l'espace dans lequel on évolue, se situer par rapport aux éléments qui le composent et par rapport aux enfants qui se déplacent dans une*

même farandole et dans une autre file.
Développer la créativité par l'adaptation au milieu.
Satisfaire ses envies, ses besoins, pour mieux accepter les contraintes de consignes plus strictes.

MATÉRIEL

Proposer ensuite aux enfants de former une coquille d'escargot en demandant au premier de chaque farandole de tourner, en entraînant les autres participants, autour du dernier, qui doit rester sur place, en se tenant au besoin, à un pilier, ou en restant debout ou assis sur une chaise.
Demander aux enfants de raconter ce qu'ils viennent de faire en exigeant un vocabulaire spécifique qui sera réinvesti dans les activités manuelles et graphiques : tourner, enrouler, autour, devant, derrière, au milieu...

➡ *Se déplacer en formant à plusieurs une figure qui sera reproduite dans les activités manuelles et graphiques. S'imprégner ainsi de cette organisation spatiale pour mieux la reproduire et mieux comprendre et utiliser le vocabulaire qui s'y rapporte.*

2
Représentation

Situation 2 : En classe – modelage.

Après une ou plusieurs séances de créations spontanées permettant une meilleure connaissance de la matière et des actions possibles, proposer aux enfants de modeler des corps d'escargots pour les coquilles vides. Arriver ainsi à la fabrication de colombins.
Lors d'une autre séance et après avoir observé le dessin de coquilles vides, demander aux élèves d'enrouler des colombins pour faire des coquilles.

Matériel : terre ou pâte à modeler ou pâte à sel, coquilles vides d'escargots

➡ *Coordination des gestes des deux mains, gestes identiques dans la fabrication du colombin, gestes de maintien et de contrôle du poignet et des doigts pour enrouler le colombin.*
Approche de notions topologiques par une modification de la forme sans retrait ou ajout de matière.
Création d'images mentales qui seront réinvesties dans le graphisme.

Situation 3 : En classe. Enrouler d'autres matières.
Proposer ensuite aux enfants de fabriquer d'autres coquilles d'escargots en utilisant des objets divers mis à leur disposition. Leur demander ensuite d'expliquer leur procédé pour chaque matière utilisée et aussi leur problème quand la réalisation a été impossible.
Coller les coquilles réalisées sur des cartonnettes.

➡ *Grâce à une meilleure connaissance de la forme à réaliser, pouvoir choisir les matériels qui pourront être transformés et adapter les gestes en fonction de la résistance, la rigidité, la souplesse des éléments choisis.*

cure-pipe, corde armée, bandes de papier, grosse laine, bâtons divers, colle, cartonnette

3
Graphisme

Situation 4 : Exercice perceptif.
Vérifier le sens dominant de chaque enfant. Puis leur demander de suivre du doigt le dessin d'une coquille, réalisée en cure-pipe, de même sens de rotation dominant, en partant du centre de la coquille.
L'exercice ayant bien été compris le proposer à nouveau en bandant les yeux des joueurs.

➡ *Préparer sous forme de jeu au mouvement permettant la réalisation du graphisme.*

deux cartonnettes avec chacune une coquille de sens de rotation différent réalisée en cure-pipe

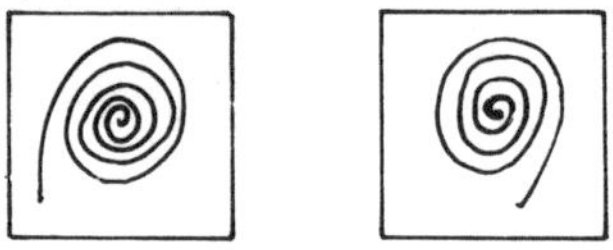

Situation 5 : Découverte et entraînement.
Face au tableau demander aux enfants de dessiner des coquilles d'escargots. Leur permettre d'effacer et de recommencer autant de fois qu'ils le souhaitent. Leur faire verbaliser également leurs difficultés de façon à les aider à les résoudre.
À la fin de l'exercice faire comparer les réalisations : leur dimension, l'écart entre les lignes, leur rotondité.

➡ *S'entraîner à faire des « escargots » dans le sens dominant de rotation à partir d'un point central et sans arrêter le mouvement avant la fin du graphisme.*
Freiner cependant le geste pour permettre une légère translation agrandissant le rayon de la rotation avant chaque fin de tour.

tableau, craie, chiffons

Situation 6 : Entraînement et affinement du graphisme.

1. **Sur plan vertical** (à la peinture)
Demander aux enfants de dessiner, à partir d'une gommette collée au centre de la feuille, un grand escargot. Puis leur proposer de décorer la coquille par collage d'éléments divers que l'enfant choisira en fonction de l'espace existant entre deux lignes tracées.

1 feuille carrée de 40 × 40 cm par enfant, brosse ronde, gommettes, gouache, graines, plumes, bâtonnets, boules de papier froissé

➡ *Affiner le tracé, l'adapter au format de la feuille. Prendre conscience, par l'organisation spatiale du graphisme obtenu, des différences de surfaces, des irrégularités du tracé.*

2. **Sur plan horizontal** (sur table)

exercice 1 : Proposer le même exercice que le précédent en demandant aux élèves de décorer aux gros feutres la coquille tracée.

1 feuille d'ordinateur (34 × 25,4 cm) par enfant, gros feutres

➡ *Améliorer la coordination de la rotation et de la translation pour éviter « les marches d'escalier ».*

Mieux structurer l'organisation spatiale du tracé par une meilleure connaissance du geste rendant possible l'indépendance du regard qui précède et le guidage du tracé.

exercice 2 : Demander à présent aux enfants de dessiner une famille d'escargots.
La comparaison des résultats permettra une prise de conscience : les différentes organisations spatiales de la feuille, du nombre de tours qui entraînent une différence de taille des graphismes ainsi que des écarts entre deux lignes.

1 feuille (21 × 29,7) par enfant, gros feutres

➡ *Contrôler l'amplitude du mouvement, rendre ainsi le freinage volontaire par un meilleur contrôle du fléchissement du pouce et de la rotation du poignet.*

exercice 3 : Dessiner le plus d'escargots possible.

1 feuille (21 × 29,7) par enfant, gros feutres

➡ *Montrer que les remarques précédentes ont été comprises et qu'elles peuvent être utilisées pour améliorer la finesse et la régularité du tracé.*

4
Évaluation

Exercice sur cahier de l'élève *(p. 17).*
Si l'exercice précédent semble satisfaisant, on pourra proposer celui-ci : à partir des quatre points, faire des coquilles rondes sans qu'elles se touchent ou se croisent.
Pour décorer les coquilles, l'enfant pourra, soit faire des décorations sur les tracés, soit entre les lignes si l'espace est suffisamment large.

➡ *Contrôler la maîtrise du tracé, sa régularité.*
Adapter à son organisation spatiale et ses dimensions des décorations propres à chaque enfant.

petits feutres

CONTROLE	AIDE
On évaluera :	
• le tracé : sa forme ronde	– Si la forme ronde n'est pas respectée en fin de tracé, donc lorsque le rayon du tour est grand, favoriser des jeux moteurs incluant des rotations du poignet et faire des exercices d'entraînement au tableau. – Si des marches d'escalier apparaissent à chaque nouveau tour, proposer au tableau des gestes continus de rotation sans vouloir obtenir un tracé particulier  ou  Favoriser la vitesse dans un premier temps, puis proposer des jeux faisant varier le rayon de la rotation sans arrêter le tracé. Enfin, reprendre l'exercice de la situation 5 à partir d'un point fixé au tableau au besoin, en tenant la main de l'enfant en cas de blocage, puis reprendre les exercices sur table de la situation 6.
le nombre de tours en fonction de la taille du tracé	Il n'y a qu'un tour au tracé : l'enfant ne maîtrise pas bien le mouvement et le fléchissement du pouce. L'exercice a été proposé prématurément. Reprendre les graphismes sur grand format puis reproposer les exercices 2 et 3 de la situation 6.
• le graphisme libre et son organisation dans l'espace et notamment – le respect de la ligne suivie ou de l'espace entre 2 lignes – la régularité des graphismes – le réinvestissement de signes connus – l'apparition de signes nouveaux	Toute proposition sera acceptée et ne donnera pas lieu à des exercices de soutien. Il s'agit d'évaluer la maturité graphique des enfants, leur progression et leur faculté d'adaptation et d'appropriation d'une situation qui leur est imposée.

N.B. : Spirales. – Nous avons constaté que la forme ronde des spirales est souvent mieux respectée lorsqu'elles sont produites à partir d'un point central. Par conséquent, nous ne voyons pas la nécessité de les étudier à partir d'un point extérieur, comme c'est souvent l'usage. D'autant que les fiches qui précèdent celle-ci ont encouragé les enfants à mieux tracer des ronds de plus en plus petits. **Petite section** : F 12, 13, 14, 15. **Moyenne section** : F 12.

LES VAGUES

Tracés continus

Objectifs

- Tracer de gauche à droite dans un mouvement continu de vagues.
- Maîtriser le ralentissement du tracé et contrôler le changement de rotation des courbes. Préparer ainsi à la liaison des lettres entre elles, dans les exercices d'écriture.

1
Perception

MATÉRIEL

Comptine pour introduire le jeu :
(claquer 4 fois les lèvres) : po, po, po, po
poisson rouge
nage et plonge
(claquer 4 fois les lèvres) : po, po, po, po
dans les algues
dans les vagues.

Situation 1 : Dans la salle de jeu.

Sur une musique dont le thème peut faire penser à l'écoulement d'une eau, laisser les enfants évoluer spontanément et découvrir l'aspect temporel de la musique proposée.
Faire ensuite une synthèse collective des déplacements et des mouvements réalisés par les enfants.

Matériel : musique jouée à la harpe, exemple : « La Source, op. 44 » d'Alphonse Hasselmans

➡ *Adapter les déplacements et les mouvements en fonction de l'espace dans lequel on évolue ; des repères musicaux, des autres enfants qui dansent en même temps.*
Utiliser un vocabulaire approprié à chaque utilisation :
– d'ordre corporel : marche, saut, mouvements de bras, etc. ;
– d'ordre spatial : en avant, en arrière, autour, etc.

Poser sur le sol des rangées de cerceaux, ou de bâtons, espacés, et demander aux enfants de danser sur la même musique.
Leur demander, ensuite, de décrire les réponses suscitées par cette nouvelle situation.
Après une phase d'imitation des différents déplacements et mouvements à l'intérieur, à l'extérieur, autour, entre les cerceaux, entraîner les enfants, placés les uns derrière les autres, à vous suivre, en dansant et en slalomant entre les cerceaux.
Leur demander d'expliquer ce nouveau déplacement avant de le leur faire recommencer, en y adaptant d'autres mouvements.

cerceaux ou bâtons alignés et espacés

➡ *Développer la créativité par l'adaptation des mouvements, précédemment décrits, à la nouvelle situation.*
Structurer l'espace par rapport aux cerceaux et autres points de repère de la salle.
Comprendre et utiliser des prépositions de lieu : dans, sur, entre, au-dessus, par-dessus, à côté, devant, derrière...

Le déplacement en slalom ayant bien été compris, on pourra le matérialiser en traçant le chemin à la craie pendant un déplacement, ou en déroulant une pelote de laine.
Les résultats obtenus seront comparés et permettront de réinvestir les expressions précédemment employées.

craies ou pelotes de laine

➡ *Vivre corporellement un mouvement qui sera reproduit en graphisme.*
Créer une image mentale de la situation, qui facilitera la production du tracé.

2
Représentation

Situation 2 : Représentation de l'étape précédente en classe.

Chaque enfant disposant d'une feuille cartonnée, leur demander d'y coller des pailles verticalement et en les espaçant.
Puis leur faire modeler un long colombin à placer, sans le couper, entre les pailles (et jamais dessus).
Enfin, leur proposer de remplacer la pâte à modeler par un long fil de laine qui sera collé.

feuilles bristol (21 × 29,7), pailles, pâte à modeler, grosse laine

Faire comparer les résultats obtenus en réutilisant le vocabulaire apparu dans la situation 1.

Demander ensuite à chacun de personnaliser son collage en le décorant au gros feutre.

gros feutres

➡ *Structuration de l'espace :*
Aménager l'espace feuille en fonction des dimensions des côtés et de la longueur des pailles.
Respecter le rythme du collage imposant le passage de l'élément laine (ou pâte à modeler) ***entre*** *chaque paille et une fois* ***au-dessus,*** *une fois* ***au-dessous.***
Motricité fine :
Coordination des deux mains dans les activités de modelage et de collage. Affinement des gestes des pouces et index et articulation des poignets.
Réinvestir et affiner les signes graphiques déjà étudiés en les adaptant à cette organisation spatiale, éveiller ainsi l'imagination par la création fortuite de nouveaux tracés.

Situation 3 : En classe. Représentation de vagues à la craie à repousser.

Donner à chaque enfant une feuille cartonnée dont l'une des extrémités aura été découpée en forme de vague.

1 feuille découpée en forme de vagues

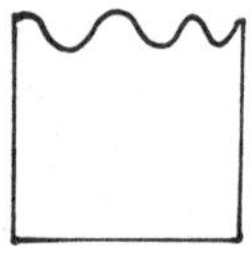

Leur demander de colorier d'une seule couleur la vague, puis de la poser sur la feuille blanche afin d'y pousser la craie avec le doigt.

Recommencer, en coloriant la même vague, avec une autre couleur.

Recouvrir ainsi la feuille blanche, puis fixer la craie avec un fixatif en bombe.

craies de tableau bleues, vertes et jaunes, laque à cheveux ou fixatif à fusain, 1 feuille blanche (21 × 29,7)

Faire coller des bandes de papier crêpon vert pour représenter les algues et des ronds et triangles rouges pour former les poissons.

papier crêpon vert, ronds et triangles de papier rouge

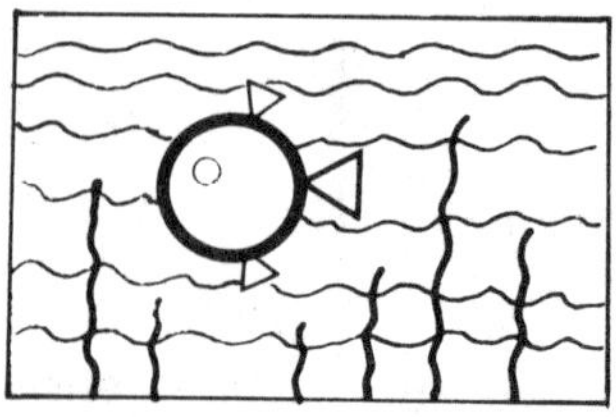

➡ *Structuration de l'espace :*
Répartir les suites de vagues les unes au-dessous des autres.
Percevoir l'encastrement des creux et des bosses.
Répartir sur la longueur le collage des vagues.
Centrer le collage du poisson.

Motricité fine :
Pousser au doigt et freiner le geste pour ne pas mélanger les vagues.
Coordination des mains et des mouvements des pouces et index.

3
Graphisme

Situation 4 : Exercice perceptif.

pâte à modeler, foulard

• Faire un colombin et lui donner la forme d'une vague. Puis demander à chaque enfant de le suivre en le touchant du doigt. Recommencer ensuite l'exercice en voilant les yeux du joueur.

➡ *Sous forme de jeu, préparer au mouvement continu qui permettra le tracé de vagues.*

feuille de carton, pailles, boules de cotillon, gommettes

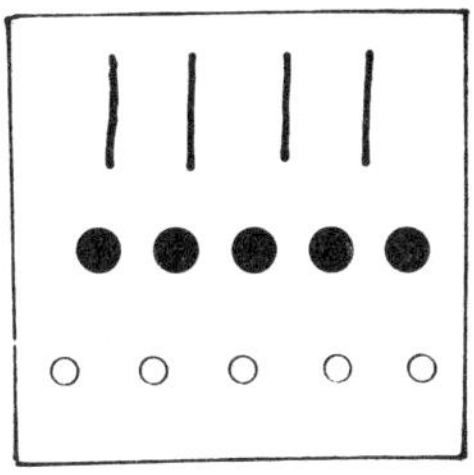

• Coller sur une feuille de carton une ligne de pailles espacées, une autre de boules de cotillons, une autre de gommettes et demander au joueur de déplacer son index, dans un mouvement continu, entre les pailles et sans les toucher. Le même parcours entre les boules de cotillons puis entre les gommettes sera effectué.
On pourra également voiler les yeux des enfants lors d'une dernière étape.

➡ *Varier l'amplitude du mouvement.*
L'affiner en réduisant la dimension des obstacles.
Intérioriser le mouvement pour pouvoir le reproduire sans visibilité.

Situation 5 : Mécanisation du tracé.

tableau, craies, chiffon

Placés face au tableau, permettre aux élèves de dessiner autant de vagues qu'ils le souhaitent en commençant à gauche. Leur faire verbaliser leurs difficultés pour les aider à les résoudre.
Puis, en fin de séance, comparer les résultats obtenus en faisant réinvestir les expressions des situations précédentes. Observer ainsi la hauteur des vagues, leur largeur, leur régularité.

➡ *S'entraîner à produire de gauche à droite, dans un mouvement continu, des vagues.*
Par le tâtonnement, prendre conscience des variations d'amplitude du mouvement sur le tracé.
Constater les effets du freinage sur la rotondité des creux et bosses.

Situation 6 : Entraînement et affinement du graphisme.

1. **Sur plan vertical** : à la peinture.

a) Coller verticalement des bandes de papier froissé sur une double feuille d'ordinateur et demander aux enfants de dessiner une grande vague, de gauche à droite, passant entre les bandes de papier, sans jamais les toucher.

1 double feuille d'ordinateur (68 × 25,4) par enfant, bandes de papier froissé de 15 cm de hauteur, brosses rondes, gouache

➡ *Régulariser le tracé en respectant les intervalles formés par les bandes de papier.*
Arrondir les creux et les bosses de la vague en respectant la largeur des obstacles.

b) panneau collectif :
– demander à chaque enfant du groupe de dessiner une grande vague, ayant la même couleur que les gommettes, servant d'obstacles, alignées sur le support ;
– faire dessiner d'une autre couleur des algues sous forme de traits verticaux et des poissons faits à base de ronds et de lignes.

gouache bleue, verte, jaune, brosses rondes, gommettes bleues, jaunes, vertes

➡ *Adapter le tracé continu aux dimensions des gommettes et respecter les limites déterminées par les bords de la feuille et les vagues déjà tracées.*
Maîtriser le ralentissement par le contrôle du fléchissement du pouce, et de l'articulation du poignet, ainsi que le changement de sens de rotation qui intervient dans les creux et les bosses.

2. **Sur plan horizontal**

exercice 1 : Faire coller sur une bande de papier des obstacles en volume (bâtonnets d'allumettes étêtées et demander aux enfants de dessiner une vague entre les obstacles.

gros feutres, 1 bande de papier (34 × 12) par enfant, allumettes étêtées

➡ *Affiner le graphisme en l'adaptant au format de la feuille, tout en le guidant par des obstacles en volume (qui ne peuvent donc être traversés).*

exercice 2 : Proposer le même exercice en faisant coller des bandes de papier, c'est-à-dire des obstacles « plats ».
En utilisant une ou plusieurs autres couleurs de feutres, leur demander de faire des décorations sur la vague.

gros feutres, 1 bande de papier (34 × 12) par enfant, des bandes de papier de couleur 2 cm × 8 cm

➡ *Respecter les obstacles plats (qui peuvent être traversés) en prévoyant les ralentissements et les changements de sens de rotation. Favoriser une meilleure automatisation du geste, autorisant l'indépendance du regard qui guide alors le tracé.*

exercice 3 : même exercice à partir de 3 lignes de gommettes de 3 couleurs différentes.
Demander aux enfants de dessiner 3 vagues de même couleur que les gommettes.

1 feuille d'ordinateur (34 × 25,4) par enfant, 3 feutres de même couleur que les gommettes

➡ *Mêmes objectifs.*
Réduire la hauteur des vagues, donc maîtriser l'ampleur du mouvement pour respecter les limites formées par les tracés précédents.

4
Évaluation

Exercice sur cahier de l'élève *(p. 18).*

petits feutres jaunes, bleus, verts

• Faire observer le dessin et demander aux enfants d'en déduire les consignes.
• Pour chaque vague, rappeler que la vague doit commencer au point et doit être de la même couleur que le point.
• Le tracé devant se faire dans un mouvement continu, on pourra en fixer le parcours en le faisant précéder par un graphisme fictif au doigt.

➡ *Tracer de gauche à droite dans un mouvement continu trois lignes de vagues qui ne se touchent pas et qui respectent un rythme au-dessus / entre / au-dessous des obstacles (ou au-dessous / entre / au-dessus).*

CONTROLE	AIDE
On évaluera :	
• la forme du tracé, l'arrondi des creux et des bosses	Si l'arrondi n'est pas respecté et qu'il fome une pointe ou un carré, vérifier si l'effet est obtenu quel que soit le sens de rotation du creux ou de la bosse, ou s'il est observé dans le sens de rotation contraire au sens dominant de l'enfant. – Dans le premier cas, travailler avec l'enfant, au tableau, en lui tenant la main dans un premier temps. Si cela ne suffit pas, lui faire faire des lignes verticales ascendantes et descendantes se terminant, dans un mouvement continu, par un rond.  – Dans le second cas, on fera tracer des ronds dans le sens de rotation inverse au sens dominant, mais uniquement si celui-ci est parfaitement maîtrisé. Puis on reprendra comme dans le premier cas, des exercices d'entraînement, au tableau.
• le respect des limites et des obstacles	– Si les vagues se croisent, prévoir des exercices d'entraînement sur grand format et réduire très progressivement les dimensions des supports, avant de proposer à nouveau pluieurs tracés sur une même feuille. – Si l'alternance du rythme n'est pas respectée, proposer d'autres activités du même genre et faire verbaliser l'action durant le travail. Par exemple, faire tracer une vague sans obstacles, puis faire coller des gommettes de deux couleurs : une couleur dans les bosses, une couleur dans les creux.  Puis proposer une feuille sur laquelle on aura collé des gommettes de deux couleurs et faire tracer la vague ○ ● ○ ● ○ ● Enfin, aligner les gommettes en alternant les couleurs ○ ● ○ ● ○ ● et faire dessiner la vague.

À L'INTÉRIEUR ET AUTOUR D'UN DISQUE

Divertissement graphique

Objectifs

• Établir un projet graphique en réinvestissant les signes graphiques connus et en les adaptant à une organisation spatiale bien structurée.
• Respecter le projet établi en respectant les orientations des lignes inductrices et en produisant des graphismes maîtrisés et réguliers.

1
Perception

Thème : le soleil

Comptine pour introduire le jeu :

Le soleil merveilleux
a des rayons soyeux,
qui caressent notre peau.
C'est si doux ! C'est si chaud !
Le soleil est heureux,
tout le monde est joyeux.

Situation 1 : Observation des lieux de vie.
Durant une journée ensoleillée et particulièrement chaude de printemps, amener les enfants à verbaliser les premières sensations et leur comportements dûs aux effets de l'ensoleillement. Les premières discussions porteront sur les conséquences d'une hausse des températures : avoir chaud, se dévêtir, avoir soif, transpirer.
Une observation des lieux dans lesquels on évolue fera apparaître une plus grande luminosité dont on cherchera à se protéger, car elle éblouit ; en se mettant à l'ombre ; en portant des lunettes ; en fermant les rideaux, quand on est à l'intérieur...

➡ *Être capable d'exprimer ce que l'on voit, ce que l'on sent, ce que l'on entend et d'en chercher les causes, par référence à un passé propre à chacun.*
Par comparaison avec les autres moments de l'année, en déduire le temps qu'il fait selon les saisons et les adaptations qui en découlent.

MATÉRIEL

Situation 2 : Observation de documents iconographiques.
L'observation du soleil, source de lumière et de chaleur étant difficile, on proposera aux élèves de le décrire tel qu'ils le perçoivent ou tel qu'il leur est apparu sur les illustrations de livres, les photos, les affiches, les films...

photographies, gravures, reproductions d'œuvres d'art

➡ *Faire appel à sa mémoire pour décrire une image du passé.*
Faire référence aux formes, aux couleurs.

Enfin, afin de favoriser les échanges, à l'intérieur de la classe, basés sur un vécu, une expérience commune, on apportera des photos mais aussi des reproductions d'œuvres d'art. Nous en citerons deux de Van Gogh qui ont le mérite d'être très colorées et très stylisées, favorisant ainsi la description et la reproduction. Il s'agit de : « Saules au coucher du soleil » où le soleil est rayonnant  ; et de « Paysage aux champs labourés » où le soleil est fait de ronds concentriques :

➡ *Décrire une gravure pour permettre sa reproduction. Par confrontation avec les propositions des autres, enrichir, affiner la description et son patrimoine lexical.*

2
Représentation

Situation 3 : Réalisations libres par collage.
Laisser à disposition des enfants une malle aux trésors dans laquelle ils pourront puiser les éléments qui leur permettront de réaliser leurs soleils merveilleux.
Faire observer et comparer les différentes réalisations par une énumération des éléments utilisés et des organisations spatiales suscitées.

feuilles de carton, boîtes de camembert, boules de cotillon, anneaux de diamètres différents, pailles...

➡ *Permettre à l'enfant de développer, par des expériences sensori-motrices, sa connaissance des objets, leurs propriétés, leurs relations possibles.*

Par le geste, développer la réflexion.
Par la verbalisation, créer des images mentales, mémoriser des situations, enrichir ses connaissances en les confrontant aux autres.

Situation 4 : Les soleils en volume.

1. **Modelage :** Demander aux enfants de modeler des soleils soit à base de colombins, formant des cercles concentriques, ou des escargots ; soit à partir de boules, aplaties ou pas, auxquelles on aura fixé des rayons de petits colombins.
Puis, leur proposer de fabriquer une épinglette (un pin's) en forme de soleil, en faisant une grosse boule de terre ou de pâte à sel, à laquelle ils fixeront tout autour de petits rayons. Au dos du soleil, fixer une épingle à nourrice.

pâte à modeler, terre ou pâte à sel, épingles à nourrice

➡ *Coordonner l'action conjointe ou complémentaire des deux mains.*

2. En réutilisant certaines techniques trouvées par les enfants dans la situation 3, on pourra leur faire faire des soleils en utilisant des boules de pâte à modeler et des pailles ou des bâtonnets d'allumettes, des boîtes de camembert et des bandes de papier frisées aux ciseaux ou découpées en forme de triangles.

pâte à modeler, pailles, boîtes rondes, bandes de papier, triangles de papier, pentabril, graines, tissus, papiers divers

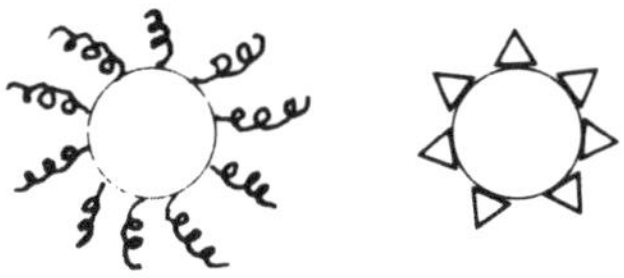

Ces soleils pourront être peints et décorés par collage d'éléments divers : graines, tissus, papiers froissés...

➡ *Structurer l'espace dans lequel se déroule l'activité.*
Mieux organiser la structure spatiale de l'élément construit en en déterminant les différentes parties et en les situant les unes par rapport aux autres : dans, sur, à l'intérieur, autour, sous, par-dessus, par-dessous, à côté, entre, au milieu...
Ainsi préparer à l'organisation spatiale des futurs exercices graphiques.

Situation 5 : Les soleils plats.

La fabrication de masques ou de mobiles en forme de soleils découpés donnera lieu à des décorations libres, par collage d'éléments divers.
L'observation des résultats obtenus permettra de faire évoluer la situation vers une meilleure organisation spatiale.

➡ *Réinvestir les notions dégagées dans les situations précédentes et les adapter aux nouvelles consignes.*

exemple 1 : Décore l'intérieur du soleil avec une sorte de graines et les rayons avec les autres.

lentilles, haricots, 1 soleil par enfant

exemple 2 : Décore les rayons du soleil pour qu'ils soient tous différents (les rayons pouvant être des cercles concentriques ou des bandes de carton).

éléments divers, 1 soleil par enfant

➡ *Respecter les consignes d'ordre spatial, donc les comprendre et les mémoriser pour s'y tenir quelle que soit la durée du travail ou le nombre de séances prévues pour sa réalisation.*

3
Graphisme

Situation 6 : Premières représentations graphiques du soleil.

Demander aux enfants de représenter des soleils à la peinture, au feutre, à la craie.
Observer les résultats : la forme des soleils (rayonnants, ou à base de cercles), la ou les couleurs choisies.
À partir de ces premières productions, leur demander de rechercher un moyen de rendre ces soleils plus beaux, plus merveilleux, en habillant les rayons ou les ronds.

peinture, feuille (40 × 40), gouache, brosses rondes
feutres ou pastels, feuille d'ordinateur (34 × 25,4)

➡ *Structuration de l'espace :*
Centrer le dessin sur la feuille.
Colorier ou faire des ronds concentriques.
Faire des rayons autour du rond du soleil.
Situer les rayons par rapport aux limites de la feuille au centre du soleil et les uns par rapport aux autres.
Suivre les tracés des rayons, donc des lignes, ou des ronds pour organiser les décorations.

Situation 7 : Divertissement graphique.

1. Proposer de dessiner un soleil merveilleux qui soit un mélange des deux soleils de Van Gogh.
Puis leur demander de décorer l'intérieur du soleil avec une décoration et les rayons avec une autre.
Faire observer les résultats obtenus :
– la diversité des décorations : ronds, points, traits, croix, etc.,
– l'organisation des décorations : sur les lignes, d'un côté, de chaque côté des lignes.

feuille (34 × 25,4), gros feutres

➡ *Motricité fine :*
Faire des ronds de tailles différentes les uns dans les autres.
Tracer des lignes droites verticales, horizontales, obliques.
Adapter les signes graphiques aux lignes guides à respecter.
Produire un même signe plusieurs fois le plus régulièrement posible sur une même trajectoire.

2. Proposer ensuite la réalisation d'un soleil-puzzle dont les ronds et les rayons auraient des décorations différentes.
Pour cela, donner à chaque enfant du groupe un élément du puzzle : cercle ou bande de papier sur laquelle on aura tracé une ligne. Faire une synthèse des signes graphiques que l'on peut utiliser en faisant référence, si besoin est, au fichier de graphisme : les ronds, les points, les traits, les escargots, les vagues, les petits soleils, les pointes et autres éléments composés : ○–, ⊙, □, T, ⊕, etc.

1 cercle de 20 cm de rayon et 5 cm de largeur,
1 cercle de 10 cm de rayon et 5 cm de largeur,
1 disque de 2 cm de rayon,
8 bandes de 30 cm × 10 cm

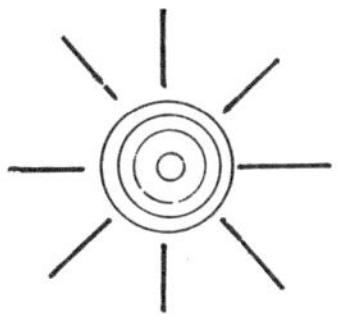

Demander à chaque enfant du groupe de choisir un élément graphique, puis de le reproduire.

➡ *Sens de l'esthétique*
Faire le mieux possible pour faire beau.
Harmoniser les couleurs, donc se libérer des difficultés graphiques et spatiales pour prévoir les changements de couleurs, de formes.

À la fin de l'exercice reconstituer, en groupe, le soleil.

4
Évaluation

Exercice sur cahier de l'élève *(p. 19).*

gros feutres pour le dessin, petits feutres pour les décorations

Faire observer le dessin, en déduire les consignes avant de le compléter. Cet exercice pourra être réalisé en deux fois. Lors de la première séance, on proposera la décoration de la boule en acceptant plusieurs signes graphiques différents dans la mesure où ils seront organisés et non reproduits de façon anarchique.
Pour cela, demander à chaque enfant du groupe de travail de prévoir ce qu'il va faire en faisant, au besoin, référence aux réalisations précédentes.

Lors d'une seconde séance, on leur demandera de décorer les rayons en procédant de la même façon, c'est-à-dire en prévoyant les décorations et leurs couleurs et en les comparant avec les précédents tracés.

➡ *Réinvestir les images mentales nées de l'observation, de la construction, pour créer des signes nouveaux en liant des formes connues, en mariant des couleurs. Apprendre à organiser son travail en établissant un projet prévoyant les signes graphiques à utiliser et leur organisation spatiale.*

CONTROLE

Nous ne proposerons pas d'exercices de soutien à un travail où la créativité individuelle prend une large place.
Nous nous contenterons donc d'évaluer les productions en fonction de leur richesse et de leur maturité graphique.
Pour cela, on observera :
• le respect du projet de chacun ;
• le respect des organisations spatiales qui peuvent être pour le rond du soleil :
  – concentriques à partir d'un point,
  – en spirale,
  – en rayonnement,
  – en pavage ;
et pour les rayons : sur, au-dessus, au-dessous de la ligne.
• la régularité des signes proposés ou au contraire leur modification : qui peut être due à une lassitude, ou à un manque de maîtrise graphique dans l'espace donné ;
• la richesse des graphismes :
  – la variété des couleurs, des formes,
  – leur structure quand ils sont composés de plusieurs éléments (ex. : ⊕),
  – leur mouvement : continu, discontinu, continu et discontinu...

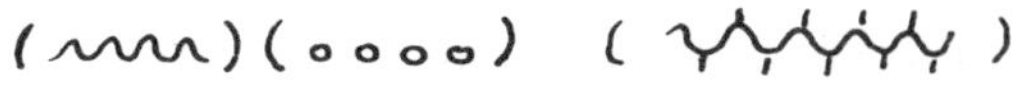

LES BOUCLES

Tracés continus et rotations

Objectifs

• Produire de gauche à droite dans son sens de rotation dominant, des suites de boucles. Coordonner ainsi les mouvements de translation et de rotation.
• Respecter les limites du tracé par la maîtrise du fléchissement du pouce et de la rotation du poignet et par un contrôle du regard qui guide le tracé.

1
Perception

MATÉRIEL

Comptine pour introduire le jeu :

Pour son petit agneau,
maman brebis tricote
une jolie pelote,
de son poil blanc et chaud.

Situation 1 : Dans la salle de jeu.

1. Répartis en groupes de 5 à 6, les enfants se déplacent librement. Au signal sonore (tambourin par exemple), chaque enfant de chaque groupe vient se ranger devant un élève jouant le rôle de la maman brebis. Chaque file guidée par la brebis se déplace, en reproduisant les mouvements du chef de file. Le signal de dispersion des agneaux sera donné par le triangle.

1 tambourin, 1 triangle

➡ *Structurer l'espace en fonction des éléments caractéristiques de la salle et des autres éléments mobiles (enfants) qui le composent.*
Comprendre et respecter les signaux sonores.
Accepter de suivre et de reproduire les déplacements et les mouvements d'un chef de file.

2. Poser au sol des rangées de cerceaux et proposer le même jeu en demandant à chaque « brebis » de suivre un chemin à travers les cerceaux.

• Demander ensuite aux enfants de décrire les déplacements et les mouvements effectués en file.

cerceaux alignés et espacés, triangles, tambourin

• Après une phase d'imitation des différents déplacements et mouvements à l'intérieur, à l'extérieur, autour, entre, sur... les cerceaux, leur demander d'avancer en ligne sur le parcours en faisant le tour de chacun des cerceaux avant de passer au suivant. Faire verbaliser les différentes étapes de ce déplacement et le faire reproduire en y adaptant d'autres mouvements (avant, arrière, sur le côté, à quatre pattes, accroupi, etc.).

• Enfin, matérialiser le chemin en le traçant à la craie ou en déroulant une pelote de laine. Faire traverser une dernière fois le parcours en faisant verbaliser à chaque étape, les actions.

craies ou pelotes de laine

➡ *Développer la créativité par l'adaptation des mouvements précédents à une nouvelle situation.*
Structurer l'espace en tenant compte des repères fixes et des repères mobiles.
Comprendre et utiliser des prépositions de lieu : sur, autour, entre, devant, derrière, à côté...
Vivre dans l'espace un mouvement qui sera reproduit en graphisme.
Créer une image mentale de la situation qui facilitera la production du tracé et utiliser des expressions imagées : les boucles, bouclettes...

2
Représentation

Situation 2 : Représentation de l'étape précédente en classe.

feuille bristol (21 × 29,7), boules de cotillon, pâte à modeler, laine

• Chaque enfant disposant d'une feuille cartonnée, leur demander d'y coller des boules de cotillon, en les alignant et en les espaçant.

➡ *Structuration de l'espace :*
Prévoir la ligne médiane et y aligner les boules de cotillons.
Espacer régulièrement les éléments à coller.

• Puis leur faire modeler un long colombin.
Leur demander de le poser sur la feuille de façon à ce qu'il entoure sans se couper chaque boule de cotillon :

 ou 

• Après l'observation des résultats, proposer aux enfants de recommencer l'activité en remplaçant la pâte à modeler par un long fil de laine, collé.
• Faire comparer les résultats obtenus, avec ceux, réalisés dans les mêmes conditions, de la fiche 17 « Mouvements continus : Les vagues ».
• Faire personnaliser ensuite chaque production par des décorations libres réalisées au feutre.

gros feutres

➡ *Respecter le rythme du collage imposant le passage de l'élément laine autour, au-dessus (ou au-dessous), de chaque élément.*
Motricité fine :
Coordination de l'action des deux mains dans les activités de modelage et de collage.
Affinement des actions des pouces et index et des mouvements des poignets.
Contrôle pour chaque enfant du sens dominant de rotation (dans le sens des aiguilles d'une montre  *, en sens inverse* *, ou indéterminé dans* cette *activité* *).*
Réinvestir et affiner les signes graphiques connus en les adaptant à cette nouvelle organisation spatiale.
Éveiller l'imagination graphique par la création fortuite de nouveaux tracés.

3
Graphisme

Situation 3 : Au tableau, mécanisation du tracé en classe.

tableau, craies, chiffons

• Demander aux enfants, placés face au tableau, de dessiner des boucles.

➡ *Déterminer le sens dominant de rotation de chacun, ainsi que les altérations du tracé qui peuvent être dues : à la prédominance du mouvement de rotation et provoquer ainsi des chevauchements* *,*  *; ou au contraire à la prédominance de la translation du mouvement éliminant ainsi les boucles*  *.*

• Après avoir réparti les élèves en groupes de difficultés et de sens de rotation identique, proposer selon les cas les exercices suivants :

tableau, craies, chiffons

a) Pour éviter le chevauchement, insister sur le déplacement latéral et matérialiser le point d'arrivée du tracé, par une tache de couleur, par exemple. Demander à chaque enfant du groupe de faire une série de boucles en partant de la bordure gauche du tableau pour arriver à celle de droite. Travailler au besoin en tenant la main de l'enfant et en faisant remarquer les déplacements du corps et des pieds, devant le tracé.
b) Pour éviter la transformation des boucles en pointes, accentuer les mouvements de rotation en demandant aux enfants de tracer des boucles les plus grandes possible.

➡ *Améliorer la coordination de la translation et de la rotation du mouvement dans le sens dominant de chacun.*

Situation 4 : Entraînement et affinement du graphisme.

1. **Sur plan vertical**

a) Panneau collectif : Demander à chaque enfant d'un groupe de sens de rotation identique, de dessiner de gauche à droite des lignes bouclées de couleurs différentes (une couleur par enfant par exemple). Faire observer les résultats, comparer la hauteur des boucles, leur sens, puis faire coller des gommettes à l'intérieur des boucles.

gouache, brosses rondes, gommettes

➡ *Affinement du tracé :*
Tenter de produire des boucles régulièrement.
Ralentir le tracé pour mieux le corriger et respecter ainsi les limites déterminées par les bords de la feuille et les autres boucles tracées.

b) Coller verticalement des bandes de papier sur la feuille et demander aux enfants de dessiner une grande ligne dont les boucles passeront autour de chacune des bandes de papier.

1 double feuille d'ordinateur (68 × 25,4) par enfant, bandes de papier (10 × 2), gros feutres

➡ *Orienter et contrôler l'alignement des boucles et la régularité des hauteurs.*
(Commencer ainsi à corriger les ondulations ou retournements de tracés  *.)*

2. **Sur plan horizontal**

a) Demander aux enfants de dessiner la fourrure bouclée de la maman brebis en traçant plusieurs lignes de boucles.

1 feuille d'ordinateur (34 × 25,4), 1 gros feutre par enfant

➡ *Contrôler l'amplitude des boucles et leur alignement. Proposer éventuellement d'autres exercices au tableau pour améliorer la hauteur des boucles.*

b) Coller sur une bande de papier des bâtonnets d'allumettes puis demander aux enfants de tracer une ligne bouclée passant autour de chacun des bâtonnets. Faire personnaliser les réalisations par des collages d'éléments divers (gommettes, boules de papier froissé...).

➡ *Régulariser le tracé. Montrer ainsi que le mouvement a été bien intériorisé et qu'il peut être guidé grâce à une meilleure maîtrise de la rotation du poignet et du fléchissement du pouce.*

1 bande de papier (34 × 12), bâtonnets d'allumettes étêtées, gros feutres

c) Proposer la réalisation d'un patchwork collectif bouclé en donnant à chacun deux feuilles de papier de dimensions différentes. Sur la plus grande, faire dessiner des grandes boucles et sur la plus petite des petites boucles.

➡ *Adapter le tracé au format de la feuille, donc être capable d'anticiper le mouvement grâce à une maîtrise plus grande du freinage.*

1 feuille (20 × 10), 1 feuille (10 × 3), gros feutres, par enfant

d) Sur une feuille où l'on aura tracé des lignes horizontales à intervalles différents, faire tracer des boucles dans les espaces ainsi formés.

➡ *Respecter les limites des frontières tracées.*

1 feuille (21 × 29,7), gros feutres

4
Évaluation

Exercice sur cahier de l'élève *(p. 20).*

• Faire observer les dessins et demander aux enfants d'en déduire les consignes.
• Faire tracer au doigt le chemin du petit agneau avant de le faire au feutre, afin de contrôler la bonne compréhension de la consigne.
• Dans le deuxième exercice, contrôler pour chaque ligne de boucles le respect des limites tracées et la forme des boucles avant de poursuivre aux lignes suivantes.

➡ *Tracer de gauche à droite des lignes bouclées, le plus régulièrement possible, c'est-à-dire en coordonnant au mieux les mouvements de rotation et de translation.*

feutres fins

CONTROLE	AIDE
On observera :	
• la forme du tracé	La prédominance entre les mouvements de rotation et de translation. Si l'un ou l'autre entraîne une détérioriation telle qu'elle aboutit à une non-reconnaissance du tracé, reprendre au tableau les exercices de la situation 3 puis aller très progressivement vers les autres situations en favorisant les tracés libres et sans obstacles.
• la régularité du tracé	– La hauteur des boucles varie en sens décroissant. Il y a perte de la rotation, reprendre les exercices de la situation 3 en exagérant la hauteur des boucles puis guider le tracé : par une ligne haute, à toucher à chaque boucle dans le cas d'un tracé dominant ascendant de droite à gauche, par une ligne basse à toucher à chaque boucle dans le cas d'un tracé dominant vers le bas de droite à gauche. 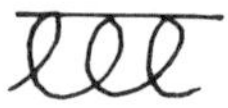 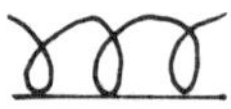 – La hauteur des boucles varie en sens croissant, proposer des exercices sur des bandes de papier de plus en plus étroites.
• l'alignement du tracé	Le tracé présente des retournements et des courbes importantes.   Éviter de travailler avec des lignes frontières, à ne pas dépasser, en hauteur ou en bas. Entraîner l'enfant à guider son mouvement en faisant référence au point d'arrivée du tracé et en le rendant visible. On pourra également cacher le tracé au moment où il se fait, pour ne fixer que le point d'arrivée.
• le respect des limites	– Si le non-respect est consécutif à un mauvais alignement, se reporter au cas précédent. – Si le non-respect est consécutif à une trop grande ampleur des boucles, proposer des exercices sur grand format et amener l'enfant à réduire lui-même la hauteur des boucles avant de proposer des feuilles plus petites ou des lignes frontières.

À PARTIR DE MODÈLES GRAPHIQUES À REPRODUIRE

Décoration d'un paysage

Objectifs

• Différencier les différentes parties qui composent un dessin, en déterminer les limites et les espaces intérieurs.
• Discriminer des signes de construction voisine, en déterminer les différents composants pour mieux les reproduire.
• Adapter la motricité fine en fonction de la continuité, de la discontinuité de la rotation des tracés et des surfaces à compléter.

1
Perception

Thème : les bateaux

MATÉRIEL

Comptine pour introduire le jeu :

Petit marin
n'est pas malin.
Son beau bateau
vogue sur les flots.
Il est parti,
tout seul, sans lui.
Il reviendra,
n'en doute pas,
les voiles gonflées
de gros baisers.

Situation 1 : Observation de documents iconographiques.
Cette fiche favorisera l'étude et le dessin de bateaux à voile, mais il serait souhaitable de la prolonger par l'observation, la comparaison et la reproduction d'autres types de navires.

photos, gravures, reproductions d'œuvres d'art, diapositives...

À la suite de la présentation, voire de la mémorisation de la comptine, on fera une rapide enquête, permettant de faire la synthèse des connaissances des enfants sur ce thème.
Pour relancer l'étude et provoquer des échanges entre les enfants, on apportera des photographies, des reproductions d'œuvres d'art, des affiches montrant des bateaux à voiles.

➡ *Faire appel à sa mémoire pour décrire des images du passé.*
Utiliser un vocabulaire le plus précis possible, faisant référence aux formes, aux couleurs, aux lieux.
Observer et comparer les documents. En déduire leur point commun (ce sont tous des bateaux à voiles), les différences (nombre de voiles, de coques, dimensions, formes, couleurs).
Par confrontation avec les propositions des autres, enrichir, affiner la description et son patrimoine lexical.

Situation 2 : Structuration de l'espace à représenter par le jeu.

une plaque avec les empreintes du paysage par enfant

Règle du jeu : 2 à 4 joueurs.
À tour de rôle, chaque joueur lance le dé et prend l'élément indiqué par le dé pour compléter son puzzle. Quand un joueur ne peut jouer, il passe son tour. Le premier qui a complété sa plaque a gagné.

Avant le jeu : Faire observer et décrire les différents éléments du jeu. Faire compléter chaque plaque individuellement et faire verbaliser les difficultés, notamment en ce qui concerne l'orientation des triangles.

1 plaque avec des vagues
1 grand triangle rouge
1 petit triangle vert
1 grand rectangle
1 soleil
2 nuages (par enfant)
1 dé avec chacun des 6 symboles (1 par face)

➡ *Jouer chacun son tour.*
Structurer l'espace jeu en différentes parties.
Les situer les unes par rapport aux autres.
Lire et comprendre les codages du dé.
Différencier les formes.
S'orienter par tâtonnement.
Se confronter aux notions de symétrie, de longueurs (grande voile, petite voile).

2
Représentation

Situation 3 : Réalisations libres.

Modelage : Faire construire des voiliers et comparer les différentes réalisations : leurs dimensions,

pâte à modeler

leurs formes, les éléments qui les composent, leur construction en deux ou trois dimensions.

➡ *Favoriser les mouvements des membres supérieurs : gestes de percussion, gestes simultanés ou complémentaires des deux mains, gestes de motricité fine.*
Approche de la 3e dimension, de la notion d'invariance (déformation de la boule sans diminution).

Assemblage : Compléter la malle aux trésors, par éléments présentés, ci-contre, et demander aux enfants d'en préciser les éléments qui serviront à la construction d'un voilier.
Rester à l'écoute de leurs remarques et difficultés d'assemblage, d'équilibres... afin de les aider à les résoudre.
Puis faire observer et comparer les différentes réalisations : le choix des éléments, les techniques d'assemblage.

boîtes de carton de polystyrène, bâtons, tourillons papier, tissus, mouchoirs en papier, etc., colle et pâte à modeler pour les assemblages

➡ *Permettre à l'enfant de développer par des expériences sensori-motrices sa connaissance des objets, de leurs propriétés ; d'être confronté aux problèmes de mesure, de masse, d'équilibre ; de développer ainsi sa réflexion.*
Par la verbalisation, créer des images mentales, mémoriser des situations, enrichir ses connaissances en les confrontant aux autres, agir dans l'espace, apprendre à mieux le structurer, le conduire. Ordonner ses actions.

Situation 4 : Réalisations à partir de modèles.

1. On pourra faire repoduire des réalisations intéressantes d'enfants en faisant un cheminement inverse de la pensée.
Pour cela, observer le modèle, le décrire, au besoin le démonter pour en déduire la liste du matériel et l'ordre des actions à réaliser pour le remonter.

2. Des modèles apportés par l'adulte pourront de même être étudiés.
À titre d'exemple, celui-ci : poser une boule de pâte à modeler au fond d'une demi-coquille de noix. Y planter une allumette étêtée pour représenter le mât. Coller un triangle de papier pour figurer une voile.

coquilles de noix, allumettes, triangles de papier, pâte à modeler

3. Enfin, des réalisations de panneaux collectifs construits par collage d'éléments divers permettront de contrôler la bonne assimilation de la construction d'un bateau, tout en permettant la construction de l'espace « plat » se trouvant autour du bateau.

feuilles bristol, papiers de toutes sortes, graines, pailles, anneaux, vis, écrous...

➡ *Réinvestir les notions apparues dans les situations précédentes et les adapter à la construction sur plan.*

De même, on pourra proposer aux enfants de peindre de jolis bateaux à l'encre en veillant à ce qu'ils varient les couleurs des voiles, de la coque, et en leur faisant peindre le fond, de deux couleurs, une pour le ciel, une pour la mer.

encres de couleur, feuilles (68 × 25,4)

➡ *Réinvestir les organisations spatiales dégagées par le jeu mathématique et les différentes activités manuelles.*
Respecter les limites de l'espace organisé dans le coloriage des différents éléments qui le composent.

3
Graphisme

La préparation graphique de l'exercice de l'élève sur le cahier se fera en deux temps :

1. par des exercices de divertissement graphique, amener l'enfant à affirmer sa motricité fine, tout en respectant les constructions de l'espace ;

2. l'entraînement à la production de signes imposés par l'adulte que l'enfant retrouvera dans le cahier.

Situation 5 : Divertissement graphique.

Exercice 1 : Demander aux enfants de décorer les peintures réalisées à l'encre, en faisant au gros feutre noir, des signes qui seront différents d'une forme à l'autre. Avant l'exercice, faire une rapide synthèse des décorations possibles, en faisant, au besoin, référence au fichier de graphisme. De même une rapide description des éléments à décorer (coque, voile, mer, ciel) aidera chacun à établir son propre projet tout en rappelant et déterminant les limites à respecter. À la fin de l'exercice on observera les réalisations, les signes utilisés, leur répartition, le respect des consignes d'ordre graphique et spatial.

gros feutres noirs, exemple :

➡ *Établir un projet graphique en réinvestissant les signes connus et en les adaptant à une organisation spatiale établie par l'enfant lui-même.*
Affiner par l'entraînement sa motricité fine.
Respecter les formes choisies en les reproduisant le plus régulièrement possible.

Exercice 2 : Plier une feuille en deux. Demander aux enfants de dessiner un bateau sur le pli, et de le décorer avec des ronds en choisissant une couleur et une forme par morceau du bateau. On cherchera avant toutes les formes rondes que l'on peut utiliser :

Puis on leur demandera de faire des lignes dans le ciel et dans la mer qui ne se touchent pas et qui ne débordent pas sur le bateau. Là encore, on fera une liste des lignes connues des enfants :

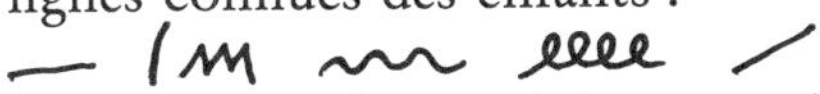

Des graphismes collectifs organisés en puzzles pourront également être proposés (se reporter à la fiche 18).
De même des décorations sur terre rouge, métal à repousser, carte à gratter seront autant d'occasions de stimuler de façon plaisante, l'imagination graphique des enfants.

➡ *Enrichir la recherche graphique en créant des signes à partir de l'association de 2 ou 3 éléments.*
Affiner les tracés par la production.
Ralentir, stopper un mouvement continu pour respecter les limites.

1 feuille d'ordinateur, gros feutres

Situation 6 : Entraînement à la reproduction des signes graphiques de l'exercice sur cahier.

Chaque signe proposé ayant déjà fait l'objet d'une étude, nous nous proposons d'en contrôler l'exécution et l'évolution par rapport aux premiers tracés. Pour cela, on fera réaliser des points, des ronds, des ronds concentriques, des spirales (escargots), des lignes droites, verticales, horizontales, des lignes brisées, des vagues. Ces tracés pourront être reproduits en exercices d'entraînement au tableau, ou sur feuille de format plus ou moins grand selon les possibilités de chacun.

1) tableau, craies, chiffons
2) feuilles (34 × 25,4), gros feutres

Enfin, pour vérifier le bon contrôle des ralentissements et des arrêts du tracé ainsi que le pavage du plan, on pourra les leur faire reproduire sur des feuilles dont des limites auront été obtenues par pliage, ou par croisement de lignes courbes (gribouillis).
ex. :

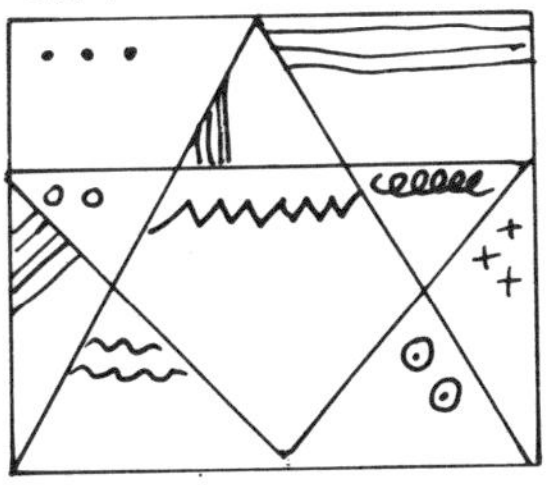

feuilles (21 × 29,7), gros feutres, petits feutres

➡ *Reproduire des graphismes régulièrement en respectant les limites de la feuille et celles formées accidentellement par pliage ou par le tracé.*
Différencier les différentes parties d'un dessin, en déterminer les limites et les surfaces intérieures.
Adapter la motricité fine en fonction de la continuité ou la discontinuité du tracé et des surfaces à compléter.

4
Évaluation

Exercice sur cahier de l'élève *(p. 21).*

Faire observer le dessin et demander aux enfants d'en déduire les consignes.
Après chaque pavage, demander à chacun de contrôler le graphisme qui vient d'être fait (le respect des limites, de la forme, de la couleur) et de verbaliser ce qu'il va faire pour compléter le travail.

➡ *Respecter les formes et les couleurs des signes graphiques.*
Apprendre à juger son graphisme par référence aux modèles à reproduire.
Respecter les consignes en y faisant référence à chaque étape de la réalisation.

CONTROLE	AIDE
On contrôlera :	
• le respect des modèles	Si tel n'est pas le cas, proposer des exercices de discrimination visuelle de signes voisins, puis les faire reproduire.
• le respect des limites	S'il n'est pas satisfaisant, se reporter aux fiches correspondant à chaque signe posant problème.

Conception couverture : KUBIKOM
Conception intérieur,
réalisation et dessins : Jean-Pierre DELARUE